上班族的

脫貧投資翻身

計畫

韓國富爸爸從慘賠千萬，
到打造上億身家的素人投資告白

韓國富爸爸 朴成賢（박성현）著
李于珊 譯

평생
현금이
마르지 않는
투자법

부자 아빠가 365일
수익을 실현하는 비결

FIRE $ $

這樣理財，一輩子不缺現金

富媽媽 十方｜暢銷理財作家

我今年 45 歲，學習理財 17 年。

17 年裡，我記帳、買股票、函授稅法、會計、外匯、期貨；我買進 500 萬以下的老公寓，自己組裝家具、塗補牆壁、招攬房客；我寫了 9 本書、錄了 3 門線上課；這兩年，我甚至創立了一間清潔公司，打造了超過 1200 萬屬於我的「企業營收」。

這些年，我既是作家，也是老闆；既是房東，也是股東。**我做了《上班族的脫貧翻身計畫》裡，推薦的每一件事，我的資本，實現了「由小變大」、「由少變多」，所以我知道，朴成賢說的，都是真的。**

在《上班族的脫貧翻身計畫》這本書裡，提到幾個亮點，你千萬不能錯過：

（1）理財新手，要先投資「固定配息」的股票，而不是追求「漲很快」的股票。

（2）你住的房子，即使漲了一大段，也沒有用。你要學會，如何把「增值的房產」，轉為「現金流」。

（3）低投報、高頻率地，在外匯市場，進行美元交易，能穩定地打造現金流。

這三個亮點，讓我嘖嘖稱奇：

首先，我在 10 年間，曾經訪問過數十個「存股致富」的朋友。他們不約而同地，在一開始投資股票的時候，都先買了「銀行股」（固定配息），然後，在逐年累積經驗後，再轉投資「高成長、低股息」（漲很快）的股票，最終，在 10 年內，實現了股市資產 100%、200%、300% 的增值。

其次，我發現，這兩年台灣房地產大漲，卻仍然有很多人，發現自己「坐在金山銀山上」，空有高額資產，手頭卻一直很緊。（缺乏現金流）

最後，我去年開始，就在 IG 期貨平台上，試著操作「美元／日圓」期貨匯兌。我技巧仍不熟練，但我知道，只要掌握技巧，貨幣在「一買一賣」之間，確實能「搓」出穩定收益。

我的經驗告訴我，這三個亮點，確實切中了致富真諦，書裡的其他論點，也讓我腦洞大開，非常推薦。

想變有錢？看這本，就對了。

開始投資很簡單，持續下去卻很難

黑大｜「股市小黑」版主

很榮幸幫本書寫推薦序，先說結論，本書很值得入手閱讀。

作者將多年的理財心得鉅細靡遺的用文字記錄，雖然是韓國人，原先擔心會有文化的隔閡感，仔細閱讀後，發現書中對於如何靠投資累積財富的觀點，於華人社會依舊有值得借鏡之處。

第 3 章關於美元外匯的投資，針對如何靠匯率變動、利率變化，作者有提出獨特的獲利方法。

第 4 章關於股票的投資，利用波段賺價差與配息報酬。這與一般的概念差不多，當作複習也好，可以增加記憶點。

第 5 章關於不動產投資，也有論述相關投資技巧與風險。

第 6 章關於個人品牌，本章是我最推薦的，作者鼓勵大家「只要開始寫，就是一種投資」。

　　我看完很有感覺，我從創立「股市小黑」粉絲頁，一開始不確定要寫何種文章，經過不斷嘗試，最後發現每日記錄自己真實的投資看法，對於大家最實用，所以無論再忙，我一定要求自己，只要有開盤，當天早上開盤前，一定要 PO 出最新的「黑大早報」，**因此我很認同作者書中說「開始很簡單，持之以恆才是獲利關鍵」，只要努力去寫，內容滿滿乾貨，不灌水拖台錢，一定能逐漸獲得關注。**

　　作者自身的四個被動收入投資來源，不一定可以每一項都拷貝成功，但就像我提到關於經營「個人品牌」的部分，關鍵就在於持之以恆地寫出粉絲或讀者想看且對大家有幫助的內容，其他幾項投資方式也是有不同的關鍵心法，未必能完全照搬，但一定可以模仿到成功獲利的精髓。

　　「股票投資有賺有賠，請務必獨立思考自行決定」，這是我在每天的「黑大早報」中一定會附上的警語，除了不要盲目跟單，也想告訴大家，投資過程中或許要繳一些虧損的學費，但如果根本沒開始，獲利的機率就是零。

好學好用的投資理財行為指引

愛瑞克｜《內在原力》系列作者、
TMBA 共同創辦人

　　此書涵蓋內容面向多元，敘事方式切中要點、令人信服，是一本很好的投資理財入門書。

　　面向多元在於不僅談論股票，也探討不動產、外匯、個人品牌獲利系統。如此，便有更完整的系統化思維，可避免落入單一資產的盲點，也能進行不同資產的收益率、增值潛力比較。可以幫助人們在財富累積（或人生旅程）的不同階段，做出符合該階段相對較佳的決策。**畢竟沒有所謂最好的投資選擇，只有符合自己現階段最合適的選擇才是好選擇。**

　　例如，作者提到他自己過去實現「資產增值」效果最佳的是投資不動產，因為只要付三成自備款，剩餘七成向銀行貸款，將來要償還的本金是固定的，然而買到的資產（不動產）拉長時間來看是隨著通膨而增值的。可惜，最近已經越來越難使用這種大規模槓桿了，過去這個資產增值最有效的方法在當

前較高的利率水準以及更嚴格的房貸成數管制下，就必須改成投資配息股，或買進持有不動產的公司股票。

此書另一優勢，在於作者屢屢點出一般市場上常見的迷思，一針見血、切中要點，可以避免人云亦云，或單憑過去的刻板印象做決定。例如「槓桿」、「負債」普遍在一般人的刻板印象中並不好，然而，卻是成為富豪的重要工具。作者說：「通膨與槓桿都是在資本主義系統中非常重要的要素，而為了能在資本主義系統中生存，必須要理解這兩種要素的組合。」

此書還有一大優勢，在於不用高深的專有名詞或複雜的操作分析，可以讓想學投資理財卻又不知如何著手的新手們，獲得簡單易懂、好學好用的指引。值得推薦！

打造一輩子不缺錢的「現金流」

💲 讓錢滾錢，可愛的現金不斷流進戶頭

為了實現「財富自由」，必須得要**（1）資產增值，（2）創造現金流**。

想成為提早退休的 FIRE 族（Financial Independence Retire Early），大約需要 10 億韓元，這 10 億韓元是退休後能在旅行中盡情吃喝的錢嗎？不，FIRE 族會用這筆錢，創造出每月進帳、作為生活費的現金流，也就是「賺錢的水井」。

舉例，若以 10 億韓元分散投資在有 4％ 配息獲利的 ETF，扣除稅金後，每月就會有 300 萬韓元的資本所得，就能打造出不工作也能生活的現金流。所以大部分的人為了存到能用作投資的本金，會將全力集中在資產增值上。

依我的經驗來說，資產增值以不動產投資最有效果。從前

大多只要存到房價的三成，剩餘的七成貸款，就能買下一間自住型房屋。但是，最近已經越來越難使用這種大規模槓桿了，資產增值最有效的投資方法、曾經是通往財富的階梯已經消逝不再。

但是即使運氣很好，能在不動產投資上成功，仍有後續的問題。**資產雖成功增值了，但卻會把錢綁住，無法馬上轉作其他投資或自由使用，總而言之就是無法進行下一步。**

我也曾經如此。我所持有的不動產價格大幅上漲後，雖然期待和市價的價差帶來的收益，但它並非是每月能收月租的收益型不動產，導致金流被綁住，無法成為能夠立刻使用的現金，難以達到以資本所得帶來生活費的目標。

許多人夢想著財富自由，卻覺得讓資產增值很困難，完全不會去想到還要「創造現金流」。因此，在完成資產增值的任務後，下一步應該要思考如何創造現金流。

💲 普通人的致富途徑，就靠培養投資實力

我能實現財富自由，並非只因不動產增值，而是透過投資打造出每月自動進帳的現金流，即使不工作也沒問題。

我看中外匯投資的優勢並開始投資美元之後，打造出每月300萬韓元的所得，又從中領悟到投資原理，並套用到股票投資後，比原本計畫更快獲得財富自由。

　　當我以美元投資獲得每月300萬韓元現金時，所投入的總資本約5,000萬韓元左右，而這筆錢全部是從貸款帳戶中籌集，也就是說，我實現財富自由所花的資本是「0元」。

　　如果現在的投資實力能夠在剛出社會時期就發揮的話，就能快轉跳過努力存下投資所需本金的時間。想靠投資獲得每月300萬韓元的現金收入，有人需要10億韓元、也有人需要20億韓元的資本，當然，也有人只需1億韓元就能做到，這全都是依據投資的實力。

　　以有限的時間、勞力、月薪，要縮短存下大額資本的時間是非常困難的，但是若提升投資實力，就能有效地縮短時間。例如有人的目標是「在20年內存下10億韓元，創造出每月300萬韓元現金流」，若他擁有只需5億韓元就能創造每月300萬韓元的投資實力，那麼不需要到20年，在10年內就可達成財富自由。

💲 靠著閱讀，快速累積理財心法與實力

那麼如何提升投資實力呢？最簡單又有效的方法就是多看書。最初我也曾覺得，如果多看書就能提升投資實力的話，那世界上大家都是有錢人了！但是親身經歷過後，才了解「書中自有黃金屋」的事實。

我花了將近一年的時間，閱讀上百本有關投資和理財的書籍，領悟到並不是靠運氣好才能透過投資賺到錢，**任何人都會碰到好運的時候，但只有擁有實力的人才不會錯過運氣，並能將其轉為機會。**

如同有句玩笑話：「說出『即使錢很多也不會幸福』的人，通常是因為沒有能讓自己感到夠幸福的錢。」我想問那些說出「讀了書也不會成為有錢人」的人們，「那你們讀的書，是已經多到能成為有錢人的程度了嗎？」

總結一下實現財富自由的最快路徑：（1）可能的話，盡快累積投資資本（資產增值），（2）養成以最少的資本、產出穩定獲利的投資實力（創造現金流）。

努力賺錢、存錢、省錢，就是為了擁有不工作也能每月有現金自動進帳的實力，就更需要好好地學習投資。

本書分為兩部分，共 6 個章節，在第 1 部的 2 個章節中，說明若想成為現金富翁，所要理解的投資原理；第 2 部的 4 個章節中，以我多元的投資經驗為基礎，談到股票、美元外匯、不動產投資，還有以「零資本」創造現金流的個人品牌，並在第 2 部各章節的結尾，分享若要達成財富自由，創造每月 100 萬韓元現金流的方法。

希望這本書能夠幫助到各位上班族，加速實現財富自由。

朴成賢

韓元與台幣金額快速比對

韓元	台幣
10 萬	2300~2400
100 萬	2 萬 3 千 ~2 萬 4 千
300 萬	6 萬 9 千 ~7 萬 2 千
1 千萬	23 萬 ~24 萬
1 億	230 萬 ~240 萬

* 依 2023 年匯率：1 韓圜兌 0.023 ～ 0.024 台幣

| 目次 |

推薦序　這樣理財，一輩子不缺現金／富媽媽 十方　　　002

推薦序　開始投資很簡單，持續下去卻很難／黑大　　　004

推薦序　好學好用的投資理財行為指引／愛瑞克　　　006

前　言　打造一輩子不缺錢的「現金流」　　　008

第 1 部　致富思維的養成：有錢人的想法，真的和你不一樣

第 1 章

投資，是最有效率的致富途徑

錢是最棒的奴隸，也是最壞的主人　　　022

沒有不勞而獲的世界　　　027

死薪水，就是「錢滾錢」的本金　　　031

「月薪」是上班族的投資優勢　　　034

為什麼有錢人的錢越花越多？　　　038

積沙成塔的複利力量 043

錢，不是存到後就結束了 047

要像有錢人一樣思考，才能成為有錢人 052

在還做得動時，規劃提早退休 055

退休後不為錢煩惱，只能靠投資 058

用「喜歡的事」養大收入 061

找出與自己最合拍的投資法 065

財富自由人生的三個關鍵思考 069

主動開發更多收入來源 076

第 **2** 章

開始投資之前的金錢概念課

用投資獲利來累積資本 082

用現金流養大資產 085

勞力有限，但資本力是無限的 091

打造現金流時，常有意外的價差獲利 095

有月薪，才能打造其他收入來源　　　098

沒有學習理財的投資，比賭博還可怕　　102

了解投資的三個要素，有效建立現金流　106

「不要負債」的時代已經過去了　　　113

貿然使用槓桿的投資，就是賭博　　　118

小額投資的基準不是金額，是心理　　121

還無法買房，就投資持有不動產的公司吧！　126

投資「方法」比投資「什麼」更重要　　134

第 **2** 部　　打造源源不絕的現金流系統

第 **3** 章

美元外匯——可轉投資到美股

波動不大、方法簡單！入門投資首選　　140

幾分鐘內就賺到一年定存的利息 143

以美元和股票打造出無限報酬的系統 147

以美元投資，獲利達市場報酬率 17 倍！ 152

美元投資有明確的買賣時間點 155

不投資美元，真的是虧大了？ 160

美元投資的交易課：用頻繁交易累積高報酬率 163

第 **4** 章

股票——利用波段賺價差與配息報酬

買低賣高、不被套牢的交易原則 170

投資配息股，就像有間套房穩收月租金 175

最重要的問題是「為什麼要買」？ 181

買進股票後，絕不能放著不管 185

新手晉級的關鍵——學會停損 188

配息股投資的交易課：定期定額的複利投資 192

短線投資的交易課：使用不同帳戶，分開買進、賣出 196

第 **5** 章

不動產——可轉換成更優質的資產

「買房自住」的投資效益最高   202

用房貸還卡債，意外成為財富自由的開端   207

債務的價值會下跌，但負債買來的房價會上漲   212

買房時，別想著要一步到位   215

當房東的風險，不小於股票投資   219

不動產投資的交易課：讓房地產基金幫忙賺錢   222

第 **6** 章

個人品牌系統——我的存在，就能創造收入

品牌內容力的驚人效益   228

首先，定位個人品牌的特色　　　　　　　　　　　231

點閱率來自「獨特的經驗」　　　　　　　　　　　234

開始很簡單，持之以恆才是獲利關鍵　　　　　　　238

曝光度就是收入　　　　　　　　　　　　　　　　243

個人品牌的投資課：從零開始累積並持續書寫　　　248

結語　在開始投資的路上，所有努力都不會白費　　252

第
1
部

致富思維的養成

有錢人的想法，
真的和你不一樣

第 **1** 章

投資，是最有效率的
致富途徑

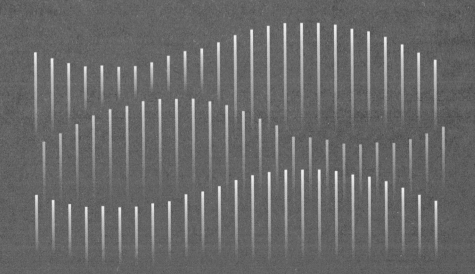

錢是最棒的奴隸，也是最壞的主人

　　因為錢，不能做想做的事；因為錢，被迫做討厭的事情——如果有上述經驗的話，代表因為錢而綁手綁腳，失去自由。若想從金錢的枷鎖中獲得自由，就必須「財富自由」。

　　我也曾和大部分的人一樣，過著被錢困住的生活，但自從領悟到一件非常重要的事實後，現在已經獲得自由。曾經是一介上班族的我，是如何找到財富自由的呢？若想解開方程式就需要學習數學，若想學英文當然就必須上英文課，那麼若想賺錢的話呢？就必須要學習理財。

　　但是有許多人，即使被金錢的桎梏困住，卻連需要學習理財的概念都不知道。以前的我也是如此，因為不管在學校、家

裡或世界上任何地方，都不會教授有關金錢的知識。不要說學習理財了，到現在還有許多人覺得談論金錢是很俗氣、不恰當的，即使大家明明心裡都很嚮往、也很喜歡錢。

有很多錢並不一定會變得幸福，但是錢很多的話，就有可能變得幸福，這是大家都明白的事實。因此，希望大家把需要努力賺大錢的原因，想成是為了提高變得更幸福的可能性。

「錢是最棒的奴隸，也是最壞的主人。」這是英國哲學家法蘭西斯‧培根的名言，我初次聽到時，腦中「叮」了一聲，就像被什麼東西打到一樣。如果有為錢所困的經驗，就會知道什麼叫做錢是最壞的主人，但「錢能成為最棒的奴隸」，這種想法卻是我從未聽過的嶄新觀念。

再次強調，如果想從為錢所擾的困境中解脫的話，就必須要了解金錢。那麼，就讓我們來了解培根這句名言是什麼意思吧！

你為錢工作？或是錢為你工作？

錢的奴隸是這樣的：為了賺錢，七點早起準備上班，搭乘如地獄般擁擠的地鐵、到達公司、聽從上司的指示工作；或是

為了賺錢，打開店面大門後、打掃、準備炸雞的食材或開店營業的整理等等，為了賺錢必須要盡力去做不想做的事情時，就可以說是為錢工作，是錢的奴隸。

那麼相反地，錢的主人又是如何呢？就算不用一大早起來去上班，不用聽從某人的指示工作、不用開店門準備迎接客人也能賺到錢。

看到這裡，你可能會很好奇：「欸，不是耶……到底不上班、不工作，要怎麼賺到錢？」前面在說明錢的奴隸時，這些人的身分應該不難猜：上下班、聽從上司指示的是上班族，打開店面大門準備營業的是自己做生意的自營業者。

我們對錢的奴隸是這麼地熟悉，卻對錢的主人感到困惑不解，這就是對於賺錢的方法只懂一半。通常朝九晚五固定時間工作就能賺錢，或按照炸炸雞的時間比例來賺錢，炸 1 小時能賺 1 萬韓元，炸 2 小時就能賺到 2 萬韓元，這都是付出時間賺錢的工作，如果不把炸雞下鍋的話就沒辦法賺錢。換言之，可說是將一部分的人生換成金錢，相當於是賣掉自己人生，當然會有點憂鬱的感覺。

那麼，錢的主人呢？別說是為了錢付出時間，就算不做事，錢也會自動地流進來……怎麼會有這種事呢？雖然有點模

糊，但還是能推測出是什麼情況，我們周遭有許多這樣的人，不去工作、也不用炸炸雞，卻還能非常有錢。整天去打高爾夫球的公司社長，或是看起來像無業人士的店面房東就屬於這類的人。相反地，拿著公司月薪工作的上班族，或做生意賺錢的自營業者，就是為錢工作的人。

如何成為錢的主人

認真工作卻被說成是錢的奴隸，心情當然不會好，但重要的是，就算錢可能是我的主人，但社長或房東卻不會是我的主人，因為我們並不是為了社長或房東工作，而是為了他們所支付的錢而工作，所以我們是錢的奴隸。

企業家或投資專家都是讓錢為自己工作的代表人物，並不是為了錢去做什麼，而是錢為他們做了什麼；一旦那個「什麼」擴大的話，還能賺到更多的錢。閱讀介紹理財或成為有錢人方法的書時，常常會看到「現在必須立刻從錢的奴隸中脫身，去成為錢的主人」的內容，要大家馬上從公司辭職，轉作投資或創業。

但我的想法有點不同，到底誰為誰工作並不一定要完全區

分開，為錢工作的同時，也是逐漸成為錢的主人的過程，當然也有繼承龐大財產而不用工作的人，就可以省略這個過程。<u>但是大部分的人，必須先經歷由勞務取得月薪的時期，才有機會成為錢的主人。</u>

投入勞動也是很優秀的賺錢方式，不論是勞務所得或投資所得，一開始沒有必要二選一，反而是要同時進行，才是提前達到財富自由最有效率的方法。

富爸爸的提醒

找出把時間換成金錢的同時，能用錢買入時間的方法。

沒有不勞而獲的世界

　　有句話叫「不勞而獲」，指的是不直接工作就能獲得收入。對於厭倦工作的人來說，光是想像不勞而獲就會覺得快樂，但是，如果什麼都不做的話，錢從那裡來呢？

　　即使現在已經以錢的奴隸做很多事去賺錢，之後仍需要以「錢的主人」這個身分去賺錢。因此，從現在開始，請將「不勞而獲」一詞從腦中消除，我敢肯定，這件事並不存在世界上，請用「資本所得」代替它烙印在腦中。

　　資本所得在不需要勞動的本質上，的確符合不勞而獲，但前提是要讓資本（本金）去做它該做的事；比起不勞而獲，想成是「必須要透過資本賺錢的資本所得」比較好。

💲 我工作賺錢，也讓錢為我工作

那麼，最具代表性的資本所得是什麼呢？曾躍升為小學生們未來志願第一名、這個令人稱羨的職業，就是房東。的確是不靠出門工作或自營業的方式勞動，但是若沒有投入資金買下樓房，也無法獲得月租金的所得，所以才說這並非不勞而獲，而是屬於資本所得。

而「無資本所得」，最具代表性的就是從公司領取的月薪，即使並未對公司投資 1 元的資本，仍可以勞動領取月薪，這雖然稱為勞務所得，但在資本主義的觀點來看，也可說是無資本所得。

人們通常在比較資本所得和勞務所得時，就會想到房東和工地工人，若比較兩者所得結構的話，就會覺得人生非常不公平。房東似乎只要每天吃喝玩樂就有錢流進口袋，而工人要在大熱天中堆磚頭、搬鋼筋，汗流浹背才能賺到錢，但是若換個例子來比較，也許就會改變想法。

首先是才剛開始投資不動產的資本所得。剛開始因為資金不足，每天來回走 20 公里才找到便宜的公寓，因為是便宜買下的，所以想著當價格上漲時就要轉賣。因為只能買到非常便

富爸爸的提醒

創造出讓「勞務所得」與「資本所得」相輔相成的理財結構。

宜的地下室公寓，所以需要重新整理屋況，為了節省費用，自己重新舖地板、除黴、貼壁紙。如果運氣好、成功轉賣的話，辛苦 1 個月能獲得 200 萬到 300 萬韓元左右，因為是不動產投資，所以屬於資本所得。但重新整理屋況也需要些許勞動，且因為需要投資資金，虧損的風險也很大。

以知名歌手的勞務所得為例，在演唱會上表演 5 分鐘左右就能進帳 1 億韓元，透過直接工作的代價所收取的錢無疑是勞務所得，且是無資本所得，因為不用花一分錢，所以是在沒有虧損資本的風險下賺了一大筆錢。

由此來看，資本所得附加價值高，能賺很多錢的這種想法是偏見。同樣地，即使是勞務所得，也並不是都比資本所得價值低、辛苦、賺不到什麼錢。<u>不管是上班族還是全職投資人，是否能有效率的賺錢才是最重要的。</u>

如果現在正在獲得勞務所得，就要好好學習理財來取得資本所得，建立起不只以勞務賺錢，也要讓持有的錢為自己賺錢的系統，這樣一來才能從金錢中獲得自由。

死薪水，就是「錢滾錢」的本金

「你說公司是戰場？那外面就是地獄！」這是韓劇《未生》中觸動上班族內心的經典台詞。許多上班族在工作與競爭中，常想立刻離開這個戰場，但因為怕一旦去到公司外，會遇到更恐怖的地獄而猶豫不決，在這層意義下，這句台詞似乎完美地呈現上班族的心境。

有些人會說唯有戰勝恐懼後、鼓起勇氣踏出公司，才能獲得財富自由，但是我的想法不太一樣。首先我必須要生活，甚至也有靠我生活的家人，承擔突然斷掉月薪收入的風險辭職，這不是勇氣，而是有勇無謀。

也有一句話是「最棒的退休準備，就是不要退休。」如果

能夠不退休的話，比起投資，我搞不好更想全壓在相對風險較小的勞務所得上，但是拿時間換錢的話，能自由運用的時間當然就會越來越少。

而且隨著年齡增長，不管是手腳的肌力或是腦中的智力都會下降，勞動的價值當然也會下跌，那麼再經過一段時間後，價值更低的勞力就無法再換成金錢，便只能退休了。

💲 子女不可靠，手裡有錢才安心

我們要在自己的勞力有價值時將其發揮到最大，創造並獲得更好的代價，這就是為什麼必須在工作上要比其他人創造更多績效，做生意要比隔壁店家更親切地招待客人的原因。這樣認真地獲得報酬後，如果有天勞力耗盡，就需要有人替我賺錢。

會是誰呢？子女嗎？通常老人家會這樣講：「我也不期待會撫養我，只要不要把養老金拿走、讓我好好過活就好。」

我們的下一代可能會生存在比現在競爭更激烈的社會，別說是撫養父母，可能自己生活都有困難了，因此就不能把子女當作因應退休的方案。那麼，能夠替我賺錢的，就是錢。

　　如果能建立以錢賺錢的系統，即使突然沒有了勞務所得也能生存，但是要建立以錢賺錢的系統，就需要「資本」。以往「先有雞還是先有蛋」這句話看起來像是玩笑，但對於以錢賺錢的系統來說，絕對不是！要以錢賺錢的話，首先得要先有一筆做為初始本金的錢才行。

富爸爸的提醒

在勞力還有價值時，好好建立以錢賺錢的系統。

「月薪」是上班族的投資優勢

　　來比較看看許多人夢想成為的房東與平凡的上班族吧！房東為了買下房子，必須投資大筆資金，要承擔失去資金的資本風險，但是上班族提供勞力領到月薪、不需投資大筆資金，因為是無資本所得，所以完全沒有資本風險。

　　房東如果找不到房客、有空房就拿不到收入，但如果是一般上班族則可以穩定領取月薪。如果房屋老舊，房東需要支付修繕費用，但上班族在公司上班不會有額外的花費，還可以利用上班族的身分，貸款到利率較低的信用貸款籌措第一桶金。房東也許會有虧損的情況發生，但上班族只會有賺錢的情況。

　　假設將租賃報酬率訂為 5％ 來看，房東一個月如果想獲得

400 萬韓元左右的收益，需要買進 10 億韓元的房子 *，但是上班族卻在不需要投入資本的情況下，仍可獲得 400 萬韓元的月薪，若要以存到第一桶金來看，上班族比起房東可能更有利。

💲 月薪的背後，也有「投資成本」

一般的上班族若想更有效地透過工作獲得更多的錢，應該怎麼做？為了獲得更高的年薪，在公司將負責的工作處理得更好固然重要，但是公司並不缺努力的螺絲釘，認真工作的人比想像得多。

想提高年薪，展現能力雖然是一種方式，但運氣也很重要。我曾聽過身邊朋友的例子，因為自己的主管突然被其他公司挖角，運氣很好地比別人更快升遷為主管；相反地，也有為升上主管努力很久、卻被社長的兒子空降的狀況。

———

韓國的租屋模式之一為「傳貰（전세）」，稱為「全租屋」。有別於台灣習慣「繳交押金後，每月支付房租」的模式，全租屋是在房客入住時，一口氣繳交房價的 50~70%（甚至更高）押金給房東，之後不用繳交月租金（房客要自行負擔水電等雜支費用），等到租約到期時，房東再把這筆押金退回給房客，因此韓國的房東便可利用全租屋收到的龐大押金進行投資。

除這些狀況外，依靠努力和實力將勞務所得最大化的方法還有一個，就是提升月薪的報酬率。其實很多人堅信是歸類於「勞務所得」的月薪，嚴格來說也是投入相當巨大資本的產物。

從幼稚園到大學教育所花費的學費，到在這段時間的機會成本；不管如何，若沒有資本的話就無法受教育，也無法擁有各種經驗，那麼就更無法自然而然地進入現在的公司領取勞務所得了。

如果過去投入更多資本的話會如何呢？例如去國外留學或去昂貴的補習班，也許會進到更好的公司或擁有更高薪的職業，最終勞務所得也是投入某種程度資本的所得。在這個世界上，可以說是沒有完全的資本所得，也沒有完全的勞務所得。

💲 所得越小，「節流」產生的效果越大

已經投入的成本無法減少或增加，但可以控制未來將要投入的成本；少花一點錢，也就是節流。很多人會說「我的月薪太少，沒有多少能夠再省的了」，但是月薪 100 萬韓元的人節省 10 萬韓元，和月薪 1,000 萬韓元的人節省 10 萬韓元是不同的。以報酬率來看，所得越少，節流所能帶來的效果越大。雖

然在存錢時就需要養成節流的習慣，但若想守住財富自由，更是日常不可或缺的。

　　成為有錢人或在某種程度上達成財富自由的人們，大部分都會談論如何達成的過程，但卻不太提及財富自由後的生活要如何維持，也是因為好奇這一點的人並不多。但是在我達到財富自由後才發現，只要不是錢多到滿出來的有錢人，就必須要一輩子貫徹「節流」（如果不想在死前還要勞動的話）。

　　花費若少、才能無所謂低所得，但當勞務所得中斷時，以錢賺錢的資本不多，或將資本轉為所得的系統不佳時，收入當然就會變少。雖然我已經創造出一定程度的資產，即使不勞動生活也不會有太大的問題，但因為還不到可以把資本所得亂花的程度，直到現在仍過著省吃儉用的生活。理所當然地，這就是在說如果想少做點工作的話，就要少花費的意思，雖然要快速存到錢就必須要節流，但為了應對所得減少的狀況，就更需要養成節流的習慣。

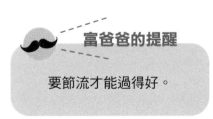

富爸爸的提醒

要節流才能過得好。

為什麼有錢人的錢越花越多？

　　為了以錢賺錢，得需要先有「錢」。為了賺取這筆錢，要將勞務所得的價值最大化，而為了提高勞務所得報酬率所需要的節流，實在讓人覺得無聊又不方便。比起「節流」，我更偏好「合理的消費」這個詞；如果說節流一詞其節省的概念較強的話，合理的消費更接近「有效使用金錢」的概念。

　　世界上能用錢購買的東西大致可分為兩大類：「能成為資產」和「不能成為資產」。能成為資產的東西，如公寓或土地這樣的不動產，股票也一樣；不能成為資產的東西，就像是衣服或鞋子。<u>區分這兩者的方法很簡單，只要判斷買這樣東西的瞬間，價值會增加還是下跌即可。</u>也許有人會有這樣的疑問：

「原本平穩的股票在我買了之後就下跌，那麼股票難道就不是資產了嗎？」其實股票的股價下跌，並不是指該公司的價值下跌，因為公司的價值不會輕易改變，只是市場判斷該公司價值的價格改變而已。同理，價值上漲，也並不代表股價會漲或公寓價格就會上升。即使公寓價格沒有上升，只要將公寓出租就能收取月租，因為能創造收入，所以公寓就是價值會增加的資產。

那麼汽車呢？請放下「買起來很貴，應該是資產」的想法，採用前面例子的觀點來思考，買下汽車後的錢是增加還是減少？需要加油、故障需要修理，如果不能用汽車來賺錢的話就難以視為資產。但是對某些人來說，收費出租的租賃車、運送快遞的貨車，因為能夠賺錢所以可以被視為資產。實際上租車公司或快遞公司，以「創造收入」為目的購入的汽車，在會計上就被認列為資產處理。同樣是汽車，可根據用途不同，來判斷是否為資產。

那麼，珍貴的、以勞動努力賺取的錢要用在資產上好呢？還是用在非資產上好呢？當然要用在能夠賺取更多錢的資產上，這樣在前往致富的道路上才更有利。**若買下非資產的東西，那就只是把錢花掉而已；理財的本質非常簡單，就是盡量**

累積資產、並將非資產的花費降到最低即可。

💲 把家庭旅行的花費，變成會增值的資產

　　我有四個小孩，平常就很努力地想讓孩子盡早開始關注金錢和經濟。但是我並不會教他們厲害的大道理，而是在日常讓他們直接感受「性價比（CP 值）」較高的消費。

　　例如，到一碗炸醬麵 2,000 韓元的餐廳，讓孩子們津津有味吃著炸醬麵，再告訴他們這碗麵的價格是 2,000 韓元，孩子們就會了解 2,000 韓元的價值，就會自然產生要有效地使用錢的標準，我會邊吃著麵邊告訴他們：「這碗炸醬麵是 2,000 韓元，真好吃呢！」

　　有了這種經驗的孩子們，在看到 1 萬韓元的玩具時會有什麼想法呢？可能會思考以 1 萬韓元獲得玩具的這種快樂，是否是花 2,000 韓元吃著美味炸醬麵所感受到快樂的 5 倍。因為了解 2,000 韓元這筆錢的價值，就能比較價格，但是如果對於金錢沒有概念，那就只會想著「要擁有那個玩具」而已。培養出在買東西時可選擇出性價比高的眼光，也能養成良好的消費習慣，就能繼續節流。

我是不太花錢的人，即使現在已經財富自由，也不太喜歡購物。但是我也會在某些地方花比較多錢，那就是飲食與旅行。這兩者的共通點都是能帶給家人幸福，尤其為了製造回憶，我們很常去家庭旅遊。

　　但財富自由後，卻產生一個進退兩難的問題。因為我已經沒有在職場工作了，所以平日的時間多出許多，開始覺得如果在住宿費昂貴的週末出去玩，是沒有效率的，但是如果想在平日去旅行，孩子一、兩天沒去上學也會是個問題。

　　苦思之後，我決定在江華島買土地。如果要家庭旅遊，會出動四個小孩、兩個父母，加上妻子和我總共八人，住宿費也不便宜。**但是如果買土地的話，要付給銀行的利息與一個月一次旅行的費用幾乎差不多。**雖然是相同金額，但去旅行消費的金錢和買土地負擔利息的金錢，其意義卻不同，因為後者是持有資產所花費的錢。

　　於是我把原本是「消費支出」的錢變為資產，如果土地價值上升的話，不僅超越我想節省旅遊經費的目的，還能獲得資產增加的結果。因此，我用非常便宜的價格，買下附有一間幾乎是廢棄房屋的土地。房屋的狀態和裝潢我可以自己處理，但位置或鄰近道路是我無法改變的因素，得夠好才行，所以我也

花了很多時間評估。另外，若想買更棒又更好的土地和房子，買入資產所花費的利息就會更多。

因為已經財富自由，所以時間很多，就自己開始進行徒手除草、拆除快倒掉的倉庫等等，宛如是在開發不動產的過程。接著沒過多久，這片貧瘠的土地搖身一變，成為孩子們能盡情跑跳、有模有樣的院子。多虧當初以非常便宜的價格買下土地，我又自己裝修，現在比起當初買入時的價格，已經翻漲了2 倍以上。

我把原本去露營區旅遊後就會消失的錢，轉變成能夠用來旅行的資產，反而讓資產增加了！最初買下的時候，近乎是廢棄屋的房子在經過打掃和修繕後升值了。合理的消費並非是單純省吃儉用的意思，而是懂得區分資產與非資產，既然如此，就買性價比更好的東西；比起消費，更重視買進資產的能力。

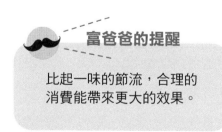

富爸爸的提醒

比起一味的節流，合理的消費能帶來更大的效果。

積沙成塔的複利力量

　　手握現金不投資，就像只將車子停在每小時付費 1 萬韓元的明洞停車場一樣，錢只會繼續流失。想要守住持有的金錢，就必須要學習理財，如果對金錢的認知不足，再怎麼節流和投資都是沒用的。

　　想理財的人大部分都只想盲目地增加財富，但是我認為成功理財的祕訣是「學習理財」，要如何快速存到第一桶金，要如何守住並且與投資連結，都必須要綜合思考。有沒有學習理財，在根本上對於累積財富的理解就會不同。舉例來說，有一個魔術存錢筒，能在未來一個月內每天把錢變為 2 倍，如果只能從「放入 100 韓元的魔術存錢筒」以及「現金 10 億韓元」

兩者擇一的話，大家會選擇哪個呢？如果覺得魔術存錢筒再怎麼厲害，100韓元又怎麼跟10億韓元相比、而選擇10億韓元現金的話，你就會後悔。因為裝有100韓元且每天以2倍速度成長的魔術存錢筒，在30天後就會變成537億韓元。

你說簡直無法相信嗎？這就是複利的魔法，連天才科學家愛因斯坦都曾讚嘆「這是世界第8大奇蹟」的神奇效果，以錢賺錢，這也就是投資的目的，是最基本的知識與武器。

💲 善用複利的驚人效益累積投資本金

儲蓄是以「加法」來存錢，但是100顆灰塵加100顆灰塵，就只會是200顆灰塵而已。投資是要用「乘法」來累積財富，若再加上複利的魔法後，真的就能成為泰山。

有句話說「灰塵累積再多仍舊是灰塵」，是在自嘲再怎麼努力也沒有太大變化的現實。想要成為資本家，首先就要擁有資本，若只是累積灰塵的話，創造資本就只是遙不可及的想法而已。

我在剛進社會時，加班加到覺得晚上10點回家都算是早的了，甚至也曾有過在清晨5點下班後，洗個澡馬上又出門上

富爸爸的提醒

灰塵再怎麼累積仍是灰塵，但是讓灰塵滾動起來的話就會成為高山。

班的經驗。但是多虧當時工作所存下的資本，我才能開始以投資增加財富，才能獲得像現在這樣放心睡到中午的幸運。「星海爭霸」這款遊戲，在初期需要勤奮地挖掘礦物來堵住入口，這樣才能獲得遊戲勝利所需要的戰巡艦，這稱為「初期 Rush 戰術」，而人生也像星海爭霸一樣，「初期 Rush」是很重要的。

若要以約 3％的報酬率創造出 10 萬韓元的資本所得，就需要 300 萬韓元的資本和 1 年的等待。但是，只要一兩天的勞動就能馬上賺到 10 萬韓元，然後一個月省下 1 萬韓元也能得到類似的效果。為了成為資本家，首先就需要創造出有意義的資本，有意義的資本是可以透過努力工作和節流而來的。

學習理財就能讓雪球滾動起來，投資之所以重要，就是能透過累積越來越多小小的成功經驗，讓灰塵產生聚沙成塔的作

用。現在最小投資單位是 1 萬美元的我，一開始連幾千韓元的報酬都會很開心，那正是走向財富自由的起點。第一口飯是不會感到飽足的，要透過認真工作與節流，多多累積成功投資的經驗後，才能出現讓灰塵滾動成泰山的奇蹟。

錢，不是存到後就結束了

　　如果抽菸會讓得到肺癌的風險大幅增加，那麼為了消除壓力而抽菸的行為，反而會累積成未來要面臨更大壓力的災難。

　　消費也有類似的原理，花錢的當下可能可以消除壓力，未來卻會遇到「經濟上的困難」這種更大的壓力。稍微忍住好衣服、美味食物的誘惑，持續進行「小型節流」的話，就能夠抵擋住傳貰金（全租屋的押金）提高而被迫搬家，或上了年紀身體不舒服、卻為了維持生計還得拖著病痛工作等等所造成的「巨大壓力」。因為人生只有一次，所以要盡情享樂的想法，也有可能毀掉只有一次的人生。

💰 你和有錢人的距離，在於「開始理財」

我自從可以不用去上班後，最先做的事情就是把手機裡的鬧鈴都關掉，再也不想要聽到每天早上 7 點把我從美夢中叫醒的討厭鈴聲；但是比起這個，更幸福的事情是上班的前一天再也不需要勉強自己入睡。

比起持續累積整週疲勞的星期五晚上，已經完成充電的星期天晚上更讓人疲倦和痛苦，如果是上班族的話，應該都對此感同身受。為了隔天早上不要醒來得那麼痛苦，而勉強還不想睡的自己去睡覺，真的是很諷刺的事。當財富自由到來，一一重新回顧過去覺得理所當然的生活，其實充滿了痛苦！

到目前為止很習慣以勞動來賺錢的話，現在就要把注意力轉向資本所得上，要把過去的既定觀念與被限縮在框架中的思考，全部重新換掉，必須具備成為有錢人的心，總結就是要有「富人心態」。

KB 金融控股經營研究所每年會發表「韓國富豪報告」，究竟要持有多少資產才能被稱為富豪，這是讓大家感到很好奇的資訊。我對報導這份報告的網路新聞下網友的留言產生興趣，因為統計資料會根據調查對象不同而產生不同的結果，所

以我更好奇一般大眾看到這篇報導後，會寫下什麼樣的真實想法，看了一篇篇的留言後，出現的單字多是「荒誕」、「時機」、「虛張聲勢」、「挫折」。

我不認為獲得財富自由和成為有錢人是一樣的意思，當然我認為達成財富自由後再更努力的話，就有可能列入富豪榜。但是許多人卻省略中間過程，只追求成為富豪的路，若是如此，常常就會出現覺得自己完全不可能成為有錢人，而放棄學習理財的情況。

世界上不是只有賓利和 Morning（起亞汽車車款），也有 Sonata 和 Grandeur（現代汽車車款），**想要成為有錢人的道路，也是需要設定在可達成的目標後，一一走向各個階段。**希望大家不要再把時間浪費在嫉妒有錢人或比自己有錢的同事上，他們是要好好學習的對象。為了能夠以錢賺錢就要學習理財，而學習的開始就是改變自身的想法。

💲 存下 2 億之後，理財之路才剛開始！

我在 YouTube 影片上，看過 10 年間只透過儲蓄就存下 2 億韓元的人，而這就是用那平凡不多的月薪達到的，生動展現

富爸爸的提醒

準備並不是在臨近決勝點時才
開始,而是從起點時就要開始。

用身體力行去實踐極度節流的樣子,特別是對剛踏入社會的新
鮮人來說,是很有幫助的故事。

但從那支影片中,可以聽到許多投資新手們感同身受的煩
惱,10 年這段時間不算短,透過極度節流來儲蓄,雖然成功
存下 2 億韓元的大錢,但失去了健康,也煩惱不知道未來要拿
這筆錢來做什麼。很意外地,許多人即使成功存了錢,卻遇上
不知該如何處理這筆錢的茫然狀況。

現在仍然有很多人,別說是煩惱該如何抓住投資機會,
應該說連要投資的理由都不知道,如果在毫無準備下累積資產
的話,思考就會停止,即使後來再去打聽投資和理財,時機也
已經太晚了。屬於投資標的的不動產或股票等資產價格早已大
幅上漲,錢的價值未能抵抗通貨膨脹而下跌,未來 2 億韓元和
現在 2 億韓元的價值很可能會不同。

盡可能提升勞動的價值並且節流存下第一桶金，是非常有意義的事，但是若沒有學習經濟與金融、投資的話，艱難存下的錢很可能就會飛走。

要像有錢人一樣思考，
才能成為有錢人

如果告訴友人以錢賺錢的方法時，他們大多都會有這種反應：「現在還沒有錢，等以後有了錢再來做。」

這就像前面提到的，只是將灰塵聚集到某種程度成為第一桶金後，再說要來投資，這是錯誤的想法。<u>開車需要練習，游泳也需要練習，為什麼大家沒意識到「以錢賺錢」也需要練習呢？</u>想想看，如果都沒練習開車就開上八個線道的高速公路中央，或是還沒練習游泳，就直接到大海中央會如何呢？投資也是一樣的道理，如果沒有事前練習就開始，投資就會成為垃圾桶，寶貴的錢就會變成垃圾。

💰 只靠拼命存錢，不可能財富自由

為了達到財富自由，需要多少錢呢？很多人覺得是不是有什麼厲害的假設或公式，但我想的計算方式並沒有那麼複雜或特別，只要將 1 年的生活費乘上自己預期壽命即可。

如果一個月需要 300 萬韓元的生活費，1 年就需要 3,600 萬韓元，想從五十歲開始財富自由，預期壽命是一百歲的話，3,600 萬乘上 50 年的金額，就是到五十歲前需要存下的錢——共 18 億韓元。

根據 KB 金融控股經營研究院公布的「2021 韓國富豪報告」，金融資產在 10 億韓元以上的人就稱為富豪。回想前述的 18 億韓元，就已經是超越富豪基準的額度了，依照這樣計算的話，可能會覺得要達到財富自由根本是不可能的事。

但是如果能夠建立以錢賺錢的「現金流系統」，事情就會有所不同。如果把錢投入在每年可穩定獲得 5％報酬率的不動產出租或配息股投資，只要有 18 億韓元的一半（9 億韓元），就能達到財富自由。

想要達到財富自由，除了金錢之外，還需要具備能以錢賺錢的「投資技術」。投資系統如果是指「投資在哪裡」的話，

那投資技術就是指「要如何投資」。苦練投資技術後，如果每年可以創造10％報酬率，只要有9億韓元一半的4億韓元，就能享受到財富自由。追求穩定、所以只想用薪資所得創造18億韓元，還是透過學習投資後，只要先以達到持有4億韓元為目標，這是大家可自行判斷出來的事了。

如果不投資，光是依靠薪資和儲蓄就想要獲得財富自由的想法，實現的可能性非常微小。舉個極端例子，從二十歲開始工作並訂下五十歲要財富自由的人，為了存下18億韓元，每個月就必須不能花半毛錢地存下500萬韓元，以常理來講是不可能的事，所以並沒有光靠穩定儲蓄就能達成財富自由的方法。

要像有錢人般思考才能成為有錢人，必須擺脫只想著依靠勞務所得的思考方式。請睜大雙眼去看世界，同時關注與經濟息息相關的政治，因為可以從不動產和利率變動等政府的經濟政策中，獲得投資的提示。

富爸爸的提醒

實現財富自由的人們，全都具備更全面的思考方式。

在還做得動時，規劃提早退休

　　根據 KB 金控經營研究所發布的「2015 年非退休人口退休準備調查報告」，退休生活需要的資金月平均為 226 萬韓元，該統計是以全國二十五～五十九歲成人男女共 2,906 人為對象調查的結果。

　　我認為退休後每月需要的生活費 300 萬韓元，也和這個金額差異不大。如果能夠存下每個月可以花 300 萬韓元的資產，或是能打造那樣的現金流，就可以退休。這世界上不只有法定退休，也有「自行退休」。

💲 只做自己想做的事情，也能生活

　　法定退休和自行退休存在相當大的差異，法定退休就是我們所知的一般退休，到了已經滿足退休年資和年齡而離職；自行退休說的是自己決定提早退休，不工作也能生活，還獲得名為「時間」的獎勵，做自己想做的事情。

　　我們身邊很常見到沒做好完善的退休規劃，導致退休後還需要工作的人們；當然也有人是為了獲得成就感而繼續工作，但現實是大多數的人都是為了生計，大樓警衛金大叔、炸雞店金老闆或計程車金司機，他可能曾經是大企業裡的金部長。反觀來看達到財富自由的人們，當然就不用再綁在低薪勞動中，還能在死之前盡情地做著想做的事情，更自由的過生活。這就是為什麼現在最好馬上開始進行為了達到財富自由的理財規劃。

　　我以前剛開始所認為的財富自由是「即使不工作、也不影響生計」，為了達成這個目標持續思考且努力，但是很幸運地實現財富自由後，卻對財富自由的定義有所改變了。

　　「真正的財富自由，是從『只做想做的事情、也完全不影響生活』的狀態中產生的」。不工作也能生活，跟不用做不喜

歡的事也能生活，看起來雖然很像，但有著微妙的差異。當退休之後，為了籌集每個月 300 萬韓元的生活費，100％都必須要以錢賺錢，但當無法做到這一點，就必須強迫自己繼續追加投入勞力。

但如果在退休前就已經準備好每月 300 萬韓元的現金流，就能做著自己想做的事情，將自動進來的現金當作生活費即可。是到了退休年齡、還得勉強做不想做的事維生，或是從還年輕時就能開始只做自己喜歡的事呢？我想答案應該已經呼之欲出了！

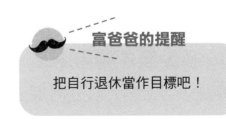

富爸爸的提醒

把自行退休當作目標吧！

退休後不為錢煩惱，只能靠投資

職場生活的結束，沒有別的答案，就是退休。就像早死早超生一樣，我覺得反正遲早都會碰到，早點退休也不錯，但是有個問題，馬上要退休卻沒有能生活的錢，結果「退休」也並不是想做就能做的，現在都沒有錢了，退休後會有錢的機率又有多少呢？

💲 你有算過，退休後需要多少錢才夠用嗎？

「以後年薪會持續調升，所以早點退休應該也沒關係

吧？」、「生意更好的話，不就能存到錢了嗎？」大家總是抱持著飄渺的期待，但卻沒有人實際去計算退休後需要的資產。就像害怕診斷出罹患重病一樣，總是推遲做健康檢查，害怕最後算出「該不會是需要一筆永遠都不可能賺到的大錢吧？」

我決定來幫大家計算一下，每月生活費如果是 300 萬韓元（約 6~7 萬台幣），1 年就需要 3,600 萬韓元（約 80 萬台幣），六十歲退休、要活到一百歲的話，就需要能生活 40 年的錢，所以此時需要的退休資金就是 14 億 4,000 萬韓元。

「連存 1 億 4,000 萬都很難了，你說還要 14 億 4,000 萬？」聽到這個數字的各位，大概就像被醫生宣告得到癌症末期一樣，除了恐慌外更感到恐怖。但是如果知道這龐大的退休資金要怎麼籌集的話，衝擊會更大。如果你是四十歲，到六十歲退休前的這 20 年間，需要每年存下 7,200 萬韓元。

這是一般人即使不吃不喝，把薪水全部存下來也難以達到的數目，那麼要累積這筆退休資金就是不可能的事嗎？幸好並非如此，每個人絕對都能辦得到。只是，**要解決問題，就必須知道問題是什麼，如果到目前為止「都因為害怕而不曾好好確認問題」的話，這本身就是個問題。**當開始面對問題後，剩下的就是解決而已。

最簡單的解決辦法就是中樂透，或是和透過投資比特幣成為富翁的專業玩家，在網咖前偶然相遇後陷入愛河，並成功結婚才有可能。

　　如果覺得這些方法很困難的話，那只剩下一個，就是在退休之前，你和錢一起「雙薪」賺錢。就像前面提到，光靠勞力要累積退休資金近乎不可能，但是以錢賺錢的話呢？就並非不可能的事了。

富爸爸的提醒

沒有錢，要投資；
有錢，也要投資。

用「喜歡的事情」養大收入

　　用投資的方式每月獲得 300 萬韓元現金流的方法，可以非常簡單地計算出來，這裡有個重點要先明確指出後才能繼續往下，那就是並非是「非常簡單」，而是「可以非常簡單地計算出來」。從現在開始會以各種投資方式為例，來看看創造每月 300 萬韓元被動收入的方法。

　　為了不熟悉投資的讀者，首先會從最容易、最簡單的「以銀行存款，創造每月 300 萬韓元收入」開始說明。存入 18 億韓元到每年利率約 2% 的定期存款即可，但因為沒有最關鍵的 18 億韓元本金，所以跳過這個選項。第二個方法，則是「以不動產投資，打造每月 300 萬韓元收入」。買下每年租金報酬

率約 3%，價值 12 億韓元的房子後出租。

第三個方法，是以「投資配息股，創造每月 300 萬韓元」，將本金的 9 億韓元投資在年殖利率約 4% 的配息股上即可。雖然現在手頭上馬上有 9 億韓元的可能性不高，但會覺得比起第一個方法的 18 億韓元，已經是可以試試看的投資金額。

第四個方法，是擁有「不管何種投資，都能獲得年報酬率 10% 的投資能力」；這裡需要的投資本金是 3 億 6,000 萬韓元。從透過銀行存款要獲得每月 300 萬韓元，需要 18 億韓元的資金，這樣一一看下來，就會覺得 3 億 6,000 萬韓元相對上來說沒多少。

這就是以投資創造每月 300 萬韓元收入的基本架構，但如果每月 300 萬韓元中，有 100 萬韓元是能自由做想做的事情，同時還能成為收入的話，又會如何呢？

💰 找到每個月多創造 100 萬韓元的地方

例如喜歡去海邊衝浪的衝浪客，可以當觀光客的衝浪老師，藉此創造收入；若是喜歡寫作的人，就能透過經營部落格的方法、內容力變現；手工啤酒愛好者可以試著自釀啤酒後在

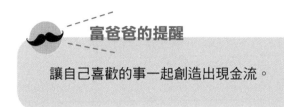

富爸爸的提醒

讓自己喜歡的事一起創造出現金流。

網路商店直接販售 *。如果是喜歡把料理美美地擺盤，看著其他人美味地吃著自己做的食物而感覺到幸福的人，則可以計畫在海邊附近經營小型餐廳。

隨著社群媒體的發展，靠自己喜歡的事情賺錢的方法變得更多樣了。透過將獨創的食譜上傳到部落格或 YouTube，也能賺到錢的世界已經來臨，甚至就算沒有任何才藝，如果喜歡與人見面、聽別人分享的人，創作訪問的影片也能成為財源。

我喜歡寫作，喜歡看到自己寫的文章帶給其他人有趣或覺得資訊有用的正面影響。以前透過寫作創造金流是很難的事情，不管是在一年一次的新春文藝上獲選被刊登，或是運氣好被出版社或電影公司相關人士看上才有機會。從必須要賣出文章賺錢的作者立場來看，這是種沒有保障的勞動。

台灣目前無法透過網路直接販售酒精類飲品，或許可替換為其他的食品飲品。

但現在是什麼都能用文章賺錢的時代，會用 AD Post* 的話，在部落格上傳文章後的隔天，我就能將所寫文章的代價以每 1 元為單位精準地算出來，時間到了還能自動入帳。以前想以內容力變現的方法作為賺錢的水井，可獲得的代價雖然很大，但運氣要非常好才可能實現收入，現在雖然獲得代價小，卻變成任何人都能確實獲得報酬的水井。

若能同時做著想做、喜歡的事情，還能每月創造 100 萬韓元收入的話，那麼原本一個月透過投資需要創造的錢就剩 200 萬韓元，所需的投資本金也可從 3 億 6,000 萬韓元縮小到 2 億 4,000 萬韓元。隨著時間流逝，因為想做才開始的事情，其收入若能從每月 100 萬韓元增加到 200 萬韓元的話，能計算出只要用 1 億 2,000 萬韓元的資金，就可以達到財富自由這個充滿希望的結果。為了更快獲得財富自由，除了要和錢一起雙薪賺錢外，也需要和自己喜歡的事情一起雙薪賺錢。

經營部落格、個人網站等的自營部落客、KOL 等，可透過 AD Post 的服務，讓 AD Post 透過關鍵字等，把相關廣告置入到部落格或自營網站的版面中（例如部落格文章中間），以此賺取廣告收益，可說是一種廣告媒合平台。韓國主要使用的是 Naver AD Post (https://adpost.naver.com/)，臺灣也有類似名稱的服務 (https://adpost.com.tw/)，但韓國的 AD Post 主要使用對象是部落客等個體戶，但臺灣的比較偏向給業主的業配平台。

找出與自己最合拍的投資法

　　在世界上的投資標的種類繁多，猛然一想，可能只會想到不動產或股票，但這些還能再更細分出來。不動產可以分為大樓、店面、公寓等等物件，也能再分為是以競標或公開拍賣的投資方式；股票可以國內股票和海外股票作區分，也能用短期交易或配息股投資不同的收益方式作區分。除了不動產與股票外，還有美元或虛擬貨幣，黃金、白銀、銅、原油等等原物料，到大豆或小麥的農產品，錢的投資標的相當多樣，無窮無盡。

　　那麼，在為數眾多的投資標的中，如何找到能讓我每個月賺到 300 萬韓元的標的呢？就像各自喜歡的、所關心的以及能力都不同，投資也存在八字合不合的緣分，有和不動產投資很

合的人，也有和股票投資很合的人，就像要作過畫才會知道是否有繪畫的天分。是否覺得有興趣、是否能賺到錢，投資也是要直接經歷過才能知道跟自己是否合拍。

💲 投資的經驗，越早開始累積越好！

越是新手投資人，我越推薦多多經歷看看，即使是運氣占99％的彩券，想中獎也要先買進才有機會，投資也是需要先執行才能累積經驗。但很可惜的是，為了投資的體驗，過程中會產生大大小小的成本，要實際動手買過股票、買過美元，才知道怎樣會虧損、怎樣才能獲得報酬。

有些人連這樣的成本都覺得可惜，所以對投資感到躊躇，然後等到勞力用盡，無法再繼續工作時，才無可奈何地在沒有準備的情況下踏進投資，這種情況下開始的投資，成功的可能性接近零。

幸好有方法能夠讓經歷投資的成本減少，那就是從「間接經歷」開始累積，閱讀投資領域的書籍，聆聽相關課程，從各式各樣投資人所分享的投資成功案例開始，到了解投資失敗案例、一一去學習，就能熟悉「不會虧損的穩定投資方法」。

　　間接經歷累積到某種程度的話，就可以進展到直接經歷的階段了。我發明一種名為「七分帳戶」的投資法，這是經過無數次研究以及錯誤經驗後，得出的分批買入、分批賣出的投資法，但是這個概念心法要以文字呈現在文章或書籍內容上的話，難以涵蓋全部，所以我在部落格上直接向讀者們展示交易對帳單、如何透過這個方法穩定地投資：以 1 億韓元的投資本金，在何種個股上分批買入多少，又分割賣出多少後實現多少報酬，在每次交易時即時記錄。簡而言之，就是我用自己的直接經驗，提供新手投資人身歷其境的間接體驗。

　　但對於這些數據的反應，大致分為兩類。有些人天天分析我從 2020 年 11 月到現在超過 500 筆買進賣出的交易，若有不理解的交易，還會主動提問，吸收透過間接經歷得到的所有資訊；但也有些人會說，「給大家看買進賣出的交易對帳單，就是全部了嗎？」這樣的人，可能連我分享過的七分帳戶投資法是什麼，都沒有確實掌握，很明顯只是想要來獲得投資個股和相關的高級機密資訊而已。

　　公開全部交易明細並不如想像般的輕鬆，因為是人、所以會犯錯，也會做出錯誤決定，加上若遭遇無法預測的狀況，投資會失利，就得忍受各方嘲諷。但是即便如此，也是能作為大

家間接經驗的參考，所以還是決定公開了，希望其他人也能像我一樣獲得財富自由。

　　不想上了年紀還要兼差的話，就需要投資，而且要作出選擇，看是要花錢累積直接投資經歷，還是讀書或學習其他投資人的經驗來累積間接經歷。

富爸爸的提醒

不管直接經歷或間接經歷
都好，開始學習投資吧！

財富自由人生的三個關鍵思考

　　我覺得自己無法一輩子都在公司上班領月薪，所以對於離職後該如何解決經濟的問題，深深地思考一番。在這期間，我發現到之前為了去國外旅遊、趁匯率低的時候先買下的美元，因為匯率升值而產生了收益，而因價差產生的收益，完全不需繳交所得稅！這點實在太驚奇了，我還直接去向國稅局確認。*

　　上班族的月薪因為要支出的部分一目了然，又稱為「玻璃皮夾」，對於習慣繳交稅金的上班族來說，不用繳稅的美元外

臺灣法規中，若民眾有匯兌收益，必須報稅；反之若出現匯損，則可以申報扣抵所得稅。

匯報酬是一件令人驚訝的事，過去總是相信所有產生的所得都要繳稅，居然也有例外。後來我正式開始美元外匯投資，並且在掌握投資體系後，也取得令人滿足的收益。

透過這個過程我領悟到，並非用勞動、而是以錢賺錢的方法，且閱讀經濟領域的書籍，學會資本主義和金融知識，同時也懂得股票投資與美元外匯投資有著類似的原理。

💲（1）「領薪水」不是唯一的賺錢方式

我覺得退休後需要的錢，一年大約是 4,000 萬韓元，假設四十歲退休後要活到一百歲，需要的退休基金就是 4,000 萬韓元乘以 60 年、共 24 億韓元，即使不計算通膨，計算出來後也會發現，提早退休已經是不可能的。

如果想用每年 2％的定存利息來創造出每年 4,000 萬韓元的話，約需要 20 億韓元的大筆本金，但是如果投資在銀行類股的話，透過可收取每年平均 4％左右的配息收入，提早退休所需要的錢就減少到 10 億韓元。

我進一步地想，如果能用股票投資創造每年 10％左右的報酬，只需要 4 億韓元就能達到財富自由，於是就開始付諸行

動。最後的結果，就是我透過「美元外匯投資和股票投資」實現了財富自由。

為了實現財富自由，最先要做的就是拋下「只有勞動才能賺到錢」的觀念。在我領悟到除了勞動外，還能以錢賺錢後，就開始透過閱讀學習以錢賺錢的方法，也就是學習投資。但因為投資總是伴隨著風險，所以需要許多研究、思考以及努力。重要的是，**投資依據的並非是「運氣」，當你的「實力」不同時，結果也會跟著不同**，學習投資能養成投資實力，從書中得到方法和心法。

財富自由後，跟每月穩定領月薪相比，難免會有好一陣子收入顯得不太穩定，所以在初期要比還能領月薪時更節流地生活。雖然得到了自由，但還是很難去做要花大錢的事，不過能和家人共度的時間更多，也能做更多想做的事情，最棒的就是，不用做不想做的事也能生活，這是我最滿意的部分。

（2）提高投資報酬率與節流

FIRE 族（FIRE，Financial Independence Retire Early）指的是達成財富自由後追求提早退休的人們，很可惜的是，美國

的 FIRE 族大多為高年薪者，他們將目標訂在投資一般股票和債券，創造每年 4% 左右穩定的現金流，以此作為退休後的生活費，因此退休所需要的資金，平均約為 10 億韓元左右。

若為年薪 1 億韓元（約 230 萬台幣），10 億韓元就是在極度節流下，經過 15 年或 20 年所存下來的錢。但是年薪 1 億韓元對平凡上班族來說，幾乎是遙不可及的事，甚至若從剛進社會到提早退休的平均年薪來看的話，四十歲前要提早退休，本身就非常困難。

但即便如此，還是有能夠提早退休的方法，我也是透過這個方法才能離開職場、享受自由的日常，那就是找出提高投資報酬率的方法。年報酬率以 4% 來看，要達成提早退休的話需要 10 億韓元的大筆資金，但若有能達成年報酬率 10% 的投資實力，只要 4 億韓元就能享受財富自由。

有些人會問「投資不動產和投資股票，哪個比較好呢？」這就像是問「暑假要去海邊還是去山上呢？」如果帶喜歡玩水的小孩去登山，或帶著想賞楓的父母去海邊衝浪，結果會好嗎？

重要的是找出適合自己個性「召喚金錢的方法」，那就是學習投資。有些人能透過高風險的不動產差額投資成為富翁，有些人僅靠短線交易就創下驚人報酬率，被譽為超級散戶，對

他們來說，這些方法就是適合他們的投資方式。

但是所有的事都有基礎，想說好英文就要從認字母開始，想擅長烹飪就要從刀工開始，我認為的投資基礎，就是「節流」。節流本來就是無聊的過程，常常會想快點跳過，但若不能掌握好基礎，是很難進展到下一階段的。

節流並非是單純省錢的概念，若能珍視金錢並慎重地使用，才不會隨便更換投資標的在危險的地方。一本書都不看，只聽某某人報明牌就亂跟著買進股票的行為，對於將節流銘刻於心的人來說，是絕對不容許的事。節流不只是投資的基礎，更是在前往財富自由的路上最重要且核心的角色，希望大家不要吝於把基礎打好。

（3）把以錢賺錢後多出來的時間，視為多賺到的

如前所述，「獲得財富自由」和「成為有錢人」並非同樣的意義，我覺得不想工作時，不工作也沒有問題、可以維生的時候，就是獲得財富自由，且我也剛好達到這個程度。即使有多出來的錢，我也不會是億萬富翁，但如果想維持住像現在這

樣自由且幸福的生活，就是不能夠胡來。

　　我買了江華島的土地和房子，親自把原有的廢屋拆除、整地、修繕房屋。把自己處理的過程上傳到部落格後，有人留言說「把那些事情交給專家後，去做能賺更多錢的事，在經濟上不是更有效率嗎？」其實只要支付在公司領到的一個月月薪，我辛苦一整個月的事情就能在一天之內解決。即使如此，我依然攬下這些苦差事的原因，就是為了付出獲得自由的代價。

　　想要和所愛的家人一起享受幸福的話，需要物理性的時間，對許多人來說「時間就是金錢」，那麼為了獲得時間，就需要放棄一部分那段時間能賺到的錢，所以只要無法放棄貪欲的那一個小時，就無法自由也無法獲得幸福。幸好創造出現金流系統，讓時間變得更多了，在這種狀況下，能做的唯一生產活動，就是不花錢的事情。因為養成盡量不消費的習慣，是在實現財富自由以後也需要持續下去的。

　　達到財富自由後，如果還想繼續透過投入自己的時間來賺錢，就很難視為已獲得財富自由。那就會變成只是因為有很多錢，所以在經濟上變得有餘裕而已，和獲得財富自由的幸福人生還有一段距離，真正的財富自由必須要是能夠透過那份自由去追求幸福。

「什麼都不想做，雖然已經什麼都沒在做，但想更極端地什麼都不想做。」幾年前，這段三星信用卡的廣告台詞引起熱議，讓演員柳海鎮獲得「廣告人選出的最佳廣告代言人獎」。上班、做生意、經營公司，所有行為都是為了賺錢，但是一直把時間花在賺錢上，未來想要取得時間時，就只能用金錢來換了。就像在每天平均租金 5 萬韓元的店面，一天平均銷售額 35 萬韓元的自營業者，如果想要什麼都不做、休息一天的代價，就是 40 萬韓元。

幸福是從時間開始的，意思就是從與家人在一起的時間、不忙也可以的悠閒休息時間、能運動的時間開始。以錢賺錢也和時間息息相關，隨著時間過去，通膨讓資產價值增加就是最具代表的例子。這個時間就是「為了錢的時間」，那麼現在就要創造「為了自己的時間」。想要幸福的話就需要時間，為了確保有這種時間，就需要能夠以錢賺錢的現金流系統，而那就是「投資」。

富爸爸的提醒

投資，是達成幸福人生最有效率的方法。

主動開發更多收入來源

「靜靜坐著也能獲得來自於不動產的月租」,常常稱之為不勞而獲的所得;「在盛夏炎熱太陽底下搬磚頭」,則被稱之為勞務所得。

比較這兩者的話,看起來好像這個世界犯下什麼大錯一樣。但是稍微轉換個例子來看,又會如何呢?

「10年來認真節省存錢,每天走20公里尋找,好不容易買到屋齡高的老公寓物件,不但親自粉刷、鋪地板,還換掉老舊的馬桶後,再把它賣出。」這稱之為資本所得。

「沒投資一毛錢,只是唱一首歌而已,不到幾分鐘就賺進數千萬韓元。」這很明顯是無資本所得。

對於沒有試著投資過的人來說，只是因為不太懂所以不知道而已，即使是那些靠著股票投資賺大錢的人，也曾為了存下本金付出許多的勞動，並且為了成功投資，也付出高強度的精神勞動。

能產生收入的「水井」，越多越好

其實在這世界上，並不存在完美的勞務所得，也不存在完美的資本所得。看起來像完美的無資本所得的職場生活，若沒有父母為求學期間的你到各種補習班投下資本的話，你也無法獲得現在的工作。

我一開始在進行美元外匯投資時，有一天花 10 個小時到處跑遍銀行去買進美元現鈔，身體都累癱的經歷，這是因為當時了解的太少了。那時我曾有過這種想法：「這到底是資本所得，還是勞務所得？」

但是後來馬上又想到能賺錢才重要，這種分類並不重要。不管在投資不動產或股票時也是一樣的，有些人廢寢忘食，閱讀財務報表和企業分析報告看到眼睛都要壞了，看到那個樣子會覺得這比起以錢賺錢，更像是用人力在賺錢。

因此，資本所得與勞務所得孰好孰壞的爭論，並無意義，想實現財富自由，就要打破固有觀念，要擁抱開放的心態，兩種所得請都要擁有，因為只挖一口井的話，就只會擁有那一口井而已。

　　是要（1）「使用槓桿原理投資不動產，在償還貸款後投資股票」，還是（2）「用股票投資賺到的大筆錢，去投資不動產」？向我尋求建議的大多數人們，會在兩個選項間爭論。

　　但依照我的經驗，這是錯誤的煩惱，有錯誤的煩惱就無法做出正確的選擇，反而應該是要煩惱如何才能同時做到（1）和（2），這是我能給各位的投資線索。投資並不是在基數和偶數中擇一的賭博，而是兩者都押上後，再走向結果好那方的過程。

　　「要換成坪數更大的公寓大樓嗎？」

　　「要放下傳貰、改持有第二間房嗎？」

　　「要放下月租改傳貰嗎？」

　　「要搬到首都圈買下店面嗎？」

　　只做一次的選擇，並不會讓這些煩惱的結果一次就出來，投資是展開在面前的無數次機會。我在不動產景氣大好時，會看到相較之下對報酬率不高的股票投資抱持懷疑態度的人們；

也看過自豪地透過股票投資取得驚人報酬率，而對不動產投資嗤之以鼻的人們。這時應該要開闊視野，要研究不動產公開拍賣，也要挑戰研究海外股票，如果只挖一口井，就只會擁有一口井，那口井可能甚至連一滴水都沒有。

富爸爸的提醒

從現在開始，必須要增加能夠賺錢的水井。

第 **2** 章

開始投資之前的
金錢概念課

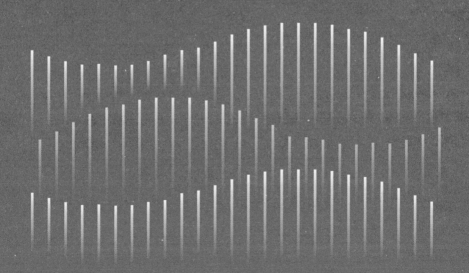

用投資獲利來累積資本

　　投資要在何時開始才好呢？就像「收集灰塵後仍舊是灰塵」這句話，如果只用少少的錢去滾動獲利，似乎沒有太大的作用，那麼難道必須等到存下大筆錢後才能投資嗎？也不全然如此，因為投資並非加法遊戲，而是乘法遊戲，灰塵再加上灰塵的話就只會有兩粒灰塵，但灰塵乘上灰塵的話就會成為塵土、再成為砂土，最終就能成為高山。**要如何讓小錢滾動，再讓大錢滾動？那就是一邊存錢一邊進行投資。**

　　在以前，存錢並不一定需要透過投資來完成，這是因為過去的利率夠高。全球最知名的投資人華倫・巴菲特，旗下的投資公司平均年化報酬率為 20％，這在以前曾是可以光靠定

存就能達到的，但是現在利率明顯走低，用定存來存錢並不是個好方法。

如果一無所知就開始投資的話，不會有好的結果，別說是存錢，甚至還可能會有損失。那麼，難道就沒有安全的方法，能夠透過投資存到錢又不會虧損嗎？如果能讓學習投資與投資行動兩者並行，就能有效存下許多錢，同時又能提升投資實力。如果說以前是將工作賺得的錢省下，一個階段、一個階段慢慢存錢的話，現在就必須是同步做到存錢和學習投資。

新手投資，首選「穩定配息」的好公司股票

有什麼方法可以用投資來穩定存錢呢？原本最好的方法就是買進自用住宅，因為過去房價便宜且貸款利息相對較高，先存下錢後才有可能買房，但現在房價波動大，且貸款利息相對較低，貸款買房才更有效率。買房本身就是投資行為，且償還貸款本金就是在存錢，這就是使「投資存錢」變得可行的方法。

現在我建議的方法，是投資在會配息的股票。以銀行的客戶身分定存的話，利率約是 1% 左右，但投資銀行成為銀行股

東，殖利率超過 4%。**如果每月都有資金能定存，倒不如以同樣的錢買進銀行股票，會是更有效率的存錢方法。**那麼，讓我們重新回到一開始的問題來思考。

「投資要從何時開始比較好？」以下是我認為的答案——「越快越好」。因為通膨，錢的價值免不了漸漸下跌，所以不要以現金方式存錢，改以不動產或像股票這樣資產的型態會更有利。

「但無論是股票或不動產，我對投資一竅不通……」有些讀者可能會有這樣的想法，但請回想在我們求學期間，足足花了 10 多年的時間在念書，就知道為了能以錢賺錢，也必須要花好幾年去學習，而學習投資分為兩個目標：（1）學習存下小錢、滾成大錢的投資，（2）學習將大錢變得更大的投資。幸好將小錢滾成大錢的理財方法並不困難，希望大家可以將投資分為兩個階段目標去學習。

富爸爸的提醒

如果不懂得將小錢滾成大錢的話，
就更不可能將大錢變成更大的錢。

用現金流養大資產

　　想要執行某件計畫，目的與目標就非常重要。跑 100 公尺的短跑選手和跑 42.195 公里的馬拉松選手，兩者所需要接受的訓練也不同。**投資也會依據目標是「資產增值」還是「創造現金流」，而有不同的計畫和執行方向。**

　　但是對投資還不熟悉的人們，經常無法區分兩者的差異，資產增值雖然就像馬拉松比賽一樣緩慢，但必須慢慢用深長的呼吸去切入，若是用短時間內想要賺大錢的想法切入的話，那就會得到跟賭博一樣的結果。

💲 目標是增加本金？還是增加被動收入？

　　資產增值常常被稱為「創造金錢」，與波動性高的資產相比，投資在像自用住宅或大型優良股這種低風險的資產比較合適，它們會受通膨效果影響，價格穩定往上。另外，與其緊抓著短期交易的價差套利相比，要能發揮長遠的眼光，才能在日後獲得更好的結果，那就是穩定地存下「即使增值至目標價格，不賣出也值得」的資產。

　　但問題是，大多數人所想到的投資都只集中在「資產增值」上，而資產增值需要長時間的等待，所以實際上能達成目標的人少之又少，因為這是與人類本能正面衝突的事，所以當然就會有這樣的結果。

　　資產增值還有一個方法，就是長期投資，不只需要耐心，更需要獨具慧眼的分析能力和洞察力，能從一開始就辨別出有望穩定成長的資產。此外，即使擁有這種能力，若沒有一定的資金規模在背後支撐，就無法獲得大到能對剩下人生負責的報酬。最終我們得到的結論就是：若要增值資產，需要的是足夠的資金，對投資進行相當程度的研究與努力。

　　一開始就將投資目的設定在資產增值，就像是讓還不會走

路的孩童去挑戰馬拉松，根本行不通。當然也有從出生起就擁有健康強壯的雙腿、等於是含著金湯匙出生的人，就算跌倒幾次，都有能夠重新扶起他們的父母，相對地能夠加速完賽馬拉松，但對於普通人來說卻是很困難的事。即使如此，一般人仍然有方法，就是將投資目的和目標設定在「創造現金流」上。

我們對創造現金流這件事其實並不陌生，在職場工作所獲得的月薪，就是最具代表性的創造現金流。只要將到目前為止透過勞動所創造的現金流，轉換為透過資本創造即可，比起「資產增值」的目標，相對步調會更快、且可在短期間看到結果的優勢。

可能因此讓有些人誤以為創造現金流的投資是「短期投資」，這是錯誤的想法。例如買公寓大樓的目的是為了資產增值，若要以市價取得價差獲利的話，在得到滿意的結果前，至少需要花上幾年的時間。因此，通常會使用透過貸款買入自住或以傳貰出租，將投資本金最小化，只是若最後的成果不佳，不僅浪費錢也浪費時間。

但是若買下公寓大樓的目的是以月租收入來創造現金流，那麼，下個月就能馬上知道投資成果，再加上若不出售，持有幾年後還能期待價差獲利的空間。不過當然也需要盡可能減少

貸款利息或裝潢費用，並且需要承擔空屋的風險，但即使成果不佳也能馬上知道，就算損失金錢，至少還能省下時間。

若想取得價差獲利，基本上需要花費許多時間，屬於長期投資，但其實創造現金流的投資，也能用來當做長期投資，例如將不動產作為租賃收入來源、沒有賣出打算的話，也算一種長期投資。同樣地，股票投資若是以資產增值為目的的話，投資在未來穩定成長的股票較合適；相反地，若是以創造現金流為目的，集中在高配息股更為合適。

但是大多數的人卻不知道，根據資產增值與增加現金流這兩種目的不同，投資方向也會不同，就算知道也會急於想要一舉兩得，最後落得兩頭空的下場。

⑤ 新手投資人要優先打造現金流

那麼在資產增值與創造現金流中，新手投資人應該集中在何處為佳呢？我推薦是先「創造現金流」。若沒有以投資創造現金流的經驗，就急著聚焦在資產增值上的話，投資失敗的可能性相當高。即使如此，仍有許多人會說，「以資產增值為目的的長期投資是值得的，是因為只看到許多因運氣好而成功的

故事」，而創造現金流的投資，若沒有實力、只靠運氣的話很難成功，但目的為資產增值的長期投資，靠運氣成功的可能性大，因此會產生這種錯覺。

「因為大家都叫我貸款去買房，所以我沒想太多就買下漢江邊的公寓大樓，結果現在漲了 3 倍。」這是顯而易見、比起實力更不如說是運氣的成功經驗。

「過去 10 年間銷售與營業獲利都穩定增加的企業，分析其財務數據，將配息率持續增加、每季都配息的個股組合投資，就能創造每月都有配息入帳的投資框架。」這看起來，理所當然比起運氣、更是靠實力創造出來的成功經驗。

雖然有許多人挑戰投資，但成功的人屈指可數，也可說是失敗的人比想像來的更多，且從失敗的人所選擇的投資目的和目標是「資產增值」這點來看，可以說是沒有實力、只想靠運氣所致的結果。

現在起，請拋開以下的舊有觀念：「創造現金流的投資是有風險且不穩定的短期投資，只有以資產增值為目的的長期投資才正確。」如果你堅持這樣的觀念，我敢說你的投資道路會難以成功。

投資不僅是為了讓資產增值，更是為了創造現金流，若能

透過投資累積「從小錢開始賺起」的經驗，投資實力也會增長，且必須要以這樣的實力為基礎，才會有賺到更多錢的可能。

富爸爸的提醒

比起直接騎上機車，先騎騎看腳踏車，之後機車騎得好的機率才會更高。

勞力有限，但資本力是無限的

　　若每個月都有自動進帳的現金，就一輩子都不用煩惱吃喝，但這時要先釐清現金流的主體是來自於勞力還是資本力，因為資本力沒有限制，而勞力卻會有一定的極限與年限。

　　若懂得以錢賺錢的方法，就算不用做到資產增值也可以，因為能持續以永不枯竭的錢繼續創造出現金流。但是若無法透過勞力以外的方式創造現金，那就必須要在還能工作的時候，努力一點一滴地存錢。以後若無法再依靠勞力時，就會需要用到之前存下的錢。這也許是人們偏好集中心力在資產增值的原因，不難預測未來會有無法賺錢的瞬間到來，我們也知道要事先準備好那時候要用的錢。

但問題是以資產增值為目標的投資，不僅非常困難，成功可能性也很低，在邁向百歲世代的同時，勞力在六十歲就觸底的話，剩下的 40 年間就必須要用「準備好的錢」來生活。但是再怎麼提早開始工作，從二十歲到六十歲也只有 40 年，意思就是人生花費一半的時間工作，而賺到的錢要用來過剩下一半的人生。

在現今世界中，今天賺的錢要過完一天都很辛苦，卻要「以今天賺的錢去過兩天」。如果每個月需要 300 萬韓元生活費的話，想到退休生活需要賺的錢就是每個月 600 萬韓元，而這絕非易事。

🪙 未來不工作，也能生存嗎？

資本力創造的現金流與勞力創造的現金流，是不同的層次。首先，如果需要每個月 300 萬韓元的生活費，每個月只賺 300 萬韓元也完全不成問題，因為以資本力滾出的現金流系統，不管在六十歲或一百歲都能繼續滾動，即使單純用算數來看，比起以勞力每個月賺 600 萬韓元，以資本力每個月賺 300 萬韓元似乎更容易，<u>比起努力得到工作，努力做好投資反而更簡單。</u>

富爸爸的提醒

必須要創造出現金流，
未來才會生活得輕鬆。

　　但是很多人一心只想用勞力來創造現金流，是因為當下沒有資本力的緣故，一開始不管是誰，都不得不先靠勞力來賺錢，但經過幾年，隨著已經習慣勞動生活後，常常就會忘掉還能以資本力來賺錢的概念。雖然為了創造出現金流，會需要先有種子本金沒有錯，**但若是完全沒想到要創造出以錢賺錢的自動系統，只埋頭在工作上，這就又是另一回事了。**

　　忘記有現金流系統的存在，而只一心想著要資產增值的話，會很難獲得理想的結果。從六十到一百歲的 40 年間，若每個月需要 300 萬韓元的話，就需要存下約 15 億韓元。但是若能以 4% 的投資報酬率來打造每月 300 萬韓元的現金流，本金只需 9 億韓元即可；甚至若是後者的話，本金不僅不會消失，反而還能持續增加。

　　如果能增加「打造現金流」的投資能力呢？假如每年能有

10％的報酬率，本金只需要 4 億韓元就能充分無憂的過下半輩子；如果存 15 億韓元的時間需要 40 年的話，4 億韓元大約只需要 10 年左右就能存到。

打造現金流時，
常有意外的價差獲利

　　創造現金流和資產增值一樣重要，但是兩者卻很難以明確地區分。以月租收入為目的投資的店面，也可能突然因為都更的消息而暴漲；以獲得配息為目的投資的股票，也有可能因為被大企業併購而大幅上漲。這裡能找到一項特徵，**以資產增值為目的的投資很難創造現金流，但是以現金流為目的的投資卻有可能獲得資產增值的效果。**

　　我在投資美元外匯的同時，快速地了解到投資的原理，其實因為韓元兌美元匯率波動性非常低，在短期或長期來看，可能很難被視為是有效率的投資，可能要等很久才能等到理想的報酬率。

但是匯率範圍明顯的韓元兌美元，在匯率特性上以長期投資能取得的報酬率，與不動產或股票這些其他投資資產相比，並沒有太大的吸引力，因為匯率並非是某項資產的價值，而是韓元與美元匯兌的比例，也不會受到通膨的影響，所以投資 1 年或 10 年，以長期觀點來看，預期報酬率沒有特別不同。

　　簡而言之，因為美元波動幅度有限，可說它在創造現金流和資產增值上並不合適，是如同雞肋般的投資資產，大概也就是因為這種限制，所以投資美元的人不多。

　　但是我已找出能克服這種限制、又能賺大錢的美元外匯投資法。因為交易次數增加，所以能施展複利的魔法，還能擴大投資規模，將不可避免需要長期投資的美元，再轉投資到美股的同時，提升投資報酬率，使得資產增值和創造現金流一舉兩得。這是在一開始就不要以資產增值為目的才有可能達成的事，就算是小小的報酬也要珍惜，增加成功經驗後，現金流的規模變大，也會對資產增值有幫助。

　　股票投資也是同樣道理，在股價走勢雖慢但穩定的大型優良股中，買下會配息的股票，不但創造了現金流，也得到價差獲利。

　　投資在自用住宅也是類似的概念，自用住宅最大好處並

非期待未來的價差，而是節省月租。在低利率環境下，房屋貸款的利息比月租更少，能降低居住成本，當然如果房價太高的話，實際節省的金額可能不大，但是整體房價上漲時，即使月租費用也隨之漸漸上漲，但房貸利息的上漲幅度是有限的，以長期觀點來看，可以說自住的成本相對花費較少。

　　且若房價上漲，還能獲得價差獲利，這也是屬於原本以創造現金流為目的帶動資產增值的投資案例。想要一舉兩得在一開始是無法達成的，但先好好集中在一方的話，就能夠享受一石二鳥的效果。

富爸爸的提醒

首先集中火力在
創造現金流上。

有月薪，才能打造其他收入來源

錢根據收入的結構和型態，大致可以分為兩種：（1）只會成為正數的錢，（2）可能會成為負數的錢。（1）具代表性的錢就是勞動收入，如上班族的月薪、店家老闆銷售所帶來的獲利。屬於（2）的錢主要是投資收入，可能會成為負數的原因就不用特別說明，但這兩種型態的錢各自又分為兩種型態。

首先「只會成為正數的錢」能分類為（1）勞動時間與收入多寡成比例的錢，（2）勞動時間與收入多寡不成比例的錢。屬於（1）的錢就是一般勞動收入，而（2）則是書籍版稅，或部落格與 YouTube 的廣告收入、著作權費等。

「可能會成為負數的錢」能分類為：（1）只以價值方式

存在的錢，（2）也以實體方式存在的錢。（1）就是持有不動產或股票等等的估值報酬，（2）就是股票的配息或已實現的確定收入。但是既然同樣都是錢，為什麼一定要複雜地分成四種類型呢？這分類是依照個人經驗所下的定義，我體悟到，這四種型態的錢即使金額相同，價值也是不同的。

⑤ 產生收入的四個層次

首先，比起可能會成為負數的錢，只會成為正數的錢價值更高，顧名思義，因為沒有虧損，不僅穩定也具持續性，在各種產生收入的「水井」中，可說是最穩健的。但是勞動時間和收入成比例的錢，會被時間所侷限，致命缺點就是總有一天可能會因退休而中斷。

相反地，勞動時間與收入不成比例的錢，不僅沒有虧損的風險，依照情況不同還有可能會大幅增加，例如只要好好管理著作權，還能強大到將這口賺錢的水井傳承給後代。

在可能成為負數的錢中，「只以價值方式存在的錢」會面臨總有一天價值可能會下跌的狀況，不過卻比配息收入或已實現報酬這類「也以實體方式存在的錢」的價值更高，因為在錢

入帳或確定報酬的瞬間，「可能會成為負數」的缺點就消失了。

綜合以上的概念，賺錢的水井大致分為四種型態，假設同樣每個月賺 100 萬韓元，就能更深刻體會到其重要性如下：

（1）勞動資本收入：用部落格文章每月收到 100 萬韓元。

（2）勞動收入：在加油站打工每月收到月薪 100 萬韓元。

（3）投資確定收入：投資美國月配息 ETF 每月收到 100 萬韓元的配息。

（4）投資預估收入：因不動產價格上漲，我家房屋的價值每月平均增加 100 萬韓元。

各位的收入是哪種呢？應該大多是（2）的勞動收入，但是若勞動價值消滅、要退休的話，勞動收入就會消失，就只剩下另外三種賺錢的水井了。許多人覺得（1）的水井最特殊，只有特別的人們才能做到，常會直接放棄，但就會犯下綁在重要度最低的「（4）投資預估收入」上的錯誤。

我並不是要大家開始在部落格上寫文章，反而是想提醒大家，在退休前絕對不要無視「（2）勞動收入」。

「朋友的朋友說買比特幣賺了 1 億韓元。」

「同事的親戚說買房後上漲了 2 億韓元。」

若被這些話所迷惑，就會覺得自己透過工作賺到的錢相當

渺小。但是勞動收入卻是實際能賺錢的水井,若是還沒退休的話,相較於隱藏著虧損風險的「(3)投資確定收入」與「(4)投資預估收入」,是更穩定且能打造其他賺錢水井的根本。

富爸爸的提醒

在獲得財富自由前,
別忘了薪水的價值。

沒有學習理財的投資，
比賭博還可怕

我認為的投資三要素是「複利、通膨、槓桿」，了解這三個要素固然重要，但想在投資實戰中成功的話，更需要了解投資的原理。

我藉由賭場賭博領悟到投資的原理，大多數無法致富的人，共通點之一就是放棄了投資。最常聽到的理由就是覺得太危險，形容投資就是「賭博」，這種想法阻擋了他們進行投資。

但是說投資是賭博的人們，不僅對投資不太了解，似乎對賭博也不太懂。我因為賭博經驗多，投資經驗也多，能清楚說出這兩者的差別。我曾經寫過一本有關賭博的書《生存者賭場》（서바이벌 카지노），是分享在賭博上不會虧大錢方法

的書籍，很多人都說賭博容易完蛋，但我卻是透過賭博賺到錢。至於是怎麼做到的、這又為我的投資人生帶來什麼影響呢？請各位繼續往下看。

懂得投資獲利的方法，不等於會投資

我有一陣子很喜歡賭博，夏季休假曾經去有賭場的江原道旌善郡，甚至和家人到國外旅行時，也一定會預約附賭場設施的度假村。即便如此，我也絕對不算是賭技高強，曾經有去100 次賭場、100 次全都賭光，沒有一次贏錢，但覺得樂此不疲、帶著「這次應該會贏了吧」的心情，不斷進出賭場。

工作期間，我曾請過育嬰假留職停薪，突然不用去公司後猛然感到害怕，可能會比在上班時更常去賭場，再加上停薪期間失去準時入帳的月薪，覺得如果太沉迷的話可能會出大事。所以我下定決心，若要去賭場的話，不管能否賺大錢，先不要虧錢……不、就算虧錢，也不要虧太多。

因此，我開始「學習賭博」。通常去賭場時，我會玩二十一點，曾聽過這是在賭場唯一能賺到錢的遊戲，就覺得應該只要玩二十一點就好。但是一邊學習賭博過程中認知到的事

實就是，二十一點這遊戲也要好好玩才能賺錢，以目前為止的方法，即使砍掉重練也賺不到錢。

我在網路搜索資訊、也在圖書館翻找相關書籍來閱讀，終於了解到目前為止為何每賭必輸。我把「懂得玩二十一點的方法」，錯當成「了解二十一點這個遊戲」，在只懂遊戲規則的狀態下，只想靠運氣去贏——在認知到這項錯誤後，我終於開始贏錢了。

分享這個故事，並不是要大家也一起去賭場玩二十一點，而是因為很多人也在投資上犯下和我一樣的錯誤；難道知道買高賣低能獲利的事實，就代表很會做股票投資嗎？這個事實只不過是股票投資的方法而已，懂得交易方法並不代表一定能獲利，投資也是需要研究學習的。

不去理解投資本質，也不去分析投資標的公司，就把珍貴的錢拿去投資，這跟賭博沒什麼兩樣。我在研究二十一點還去學習下注策略後，才去面對這個遊戲，於是我這輩子第一次賭贏了，過去覺得賭博只是靠運氣，但在贏錢的這瞬間打破了那種想法，接著我就想到：「連運氣成分占大多數的賭博，都能透過學習提升實力，那股票投資、不動產投資又會如何呢？」

其實我在開始學習投資前，曾經覺得投資和賭博沒什麼不

同，在那之前從來沒有用股票賺到錢，反而在股票賠大錢後，還下定決心再也不要碰投資。但是研究賭博並賺到錢後，想法突然改變了。我那時候才了解，原來在那之前做的股票投資，不是投資、而是賭博。

對手藝好的廚師來說，鋒利的菜刀是可以做出美味料理的有用道具，但是到犯人手中就會變成危險的凶器。再怎麼好的道具，如果不徹底熟悉使用方法就使用的話，反而有可能會嚴重地受傷。

富爸爸的提醒

再怎麼好的投資方法，也需要學習後才會有獲利產生。

了解投資的三個要素，
有效建立現金流

　　勞務所得明顯有其極限，上了年紀後體力會下降，必須盡早準備好能代替自己（用勞力去）賺錢的本金。我曾告訴各位，想存下本金就需要節流以及合理的消費習慣。統整後，我想介紹實現財富自由、成為有錢人所需要的三個階段。

　　第一階段，必須要賺錢。不管是去公司上班或是做生意，必須要以勞力來賺錢，能跳過這階段的人，只有使用父母牌的金湯匙而已。

　　第二階段，必須要將賺來的錢節流後存下來。到這階段以前，都還不是那麼困難，且大多數的人都可輕易做到。

　　第三階段，其實就是「增加錢」，也就是必須進行投資。

不進行投資還能成為有錢人的方法，幾乎就只有成為像藝人或人氣 YouTuber，能有驚人所得的勞動者了。但是像這樣所得極高的勞動者們，如果不參與投資，當人氣消逝或勞動價值下降時，就只能黯然凋零。因此，很會賺錢的明星會買下大樓、經營其他事業等等，就是擔心某天人氣下跌後，再也不能唱歌或演戲，導致無法賺錢的狀況。那麼，為了成功投資，首先必須理解投資的三要素。

(1) 華倫・巴菲特成為富豪的原因： 複利的魔法

第一個，就是複利的魔法。複利擁有積沙成塔的驚人力量，世界上最傑出的投資人華倫・巴菲特之所以能成為世界富豪，就是複利帶來的魔法。

以股票投資為例，巴菲特也是因為投資股票成為富豪。股票基本上擁有複利投資結構，原為 1 萬韓元的股價上漲 10％的話，就會變成 1 萬 1,000 韓元，但從這裡再上漲 10％的話就會成為 1 萬 2,100 韓元，以這種方式股價繼續上漲的話，本金變成兩倍所需的時間不是 10 天，而是 7 天。

談到複利，不能不提到「72 法則」，此法則就是以複利為前提，計算資產翻倍的時間。這是將 72 除以報酬率後，大概就可算出本金變成 2 倍所需時間的簡便公式。

例如，若將 1 億韓元投資在年利率 6％的定存，就是將 72 除以 6 後得出的是 12，即 1 億韓元的本金要翻成 2 倍的 2 億韓元，大約需要 12 年。為了投資的成功，在看到所有投資標的報酬率的瞬間，腦中都必須要浮出 72 法則。

但這裡的重點是，定存的利息是等待 1 年後的結果，如果 6％的報酬率不是 1 年、而是 1 個月內就能達到的話，12 年的時間就變成 12 個月。若能用股票投資每月有 6％的獲利，且連續 12 個月都能達成的話，就能得到相當 100％投資本金的獲利。

那麼，如果一天就能達到 6％的話會如何？只要 12 天就能得到本金 2 倍的獲利。最終我們必須要意識到，比起投資在今天上漲 30％、明天又下跌 30％這種波動性高的股票，投資在一點一點持續上漲的個股上，能獲得更大的報酬。

不管何種投資，若想要享受複利的魔法，就必須要將產生的獲利併入投資本金中再去投資，不過因為股票的上漲原理基本上就是使用複利構造，所以放著即可。不只巴菲特，許多股

票投資大師都說，若想以股票投資真正獲利的話，就必須要長期投資。

這句話的背景就是隱含著股票投資的複利概念，只以買進股票後，稍微上漲就賣出的短線投資，是難以用股票投資賺大錢的，「股票投資看時機」這句話是錯誤的，想用股票投資賺大錢，並非是要猜對時機，而是需要時間的累積。

（2）一定要買進資產的理由：通膨

投資的第二個要素，就是通膨。想了解通膨的話，首先要知道錢是如何增加。我對投資還不了解的時期，以為若想要市場上的錢增加，必須只有韓國央行要多印刷錢才行，新發行貨幣當然也是貨幣量增加的原因之一，但因為會作廢與新印刷同等數量的舊錢，兩者加減後實際增加的量不大。

事實上，市場貨幣量增加的最大原因是因為所得、貸款、投資資產的增加，其中最具代表性的就是貸款的增加。假設 A 銀行貸款 1 億韓元，A 以這筆錢向 B 買入物品，B 拿著向 A 收取的 1 億韓元存進 B 銀行，然後 B 銀行再把這筆錢貸款給 C，在此過程中，剛開始只有 1 億韓元的錢，重複歷經貸款與儲蓄

後，增加為 3 億韓元。

有 A 銀行應該向 A 收回的 1 億韓元，也有 B 銀行應該向 C 收回的 1 億韓元，而且還有 B 存放在 B 銀行的 1 億韓元，若能理解這個過程，會領悟到貨幣量會不停持續地增加，也會知道若貨幣量增加，現金的價值也會同等下跌、而物價就會上漲，若物價上漲，像股票或不動產的資產價格也會上漲。

即使不是現在，想到將來總有一天一定會上漲的不動產和股票，就不會覺得那麼有風險或不安了，可說像是搭乘時光機回到過去，用非常便宜的價格買下有價值的物品一樣。

我能獲得財富自由的祕訣之一，就是因為相信通膨，相信房屋價格長期看來只會往上漲，所以就算在不動產價格下跌時，也能淡然以房奴自居，且這樣的信念，是必須要理解通膨的真正架構後才會誕生。

當然回顧全球經濟的歷史，也有通貨緊縮，就是物價反而下跌的時期，但是那只是一時的現象而已，因為貨幣量不會停止增加，所以最終都會回到通膨的狀況。

（3）成為富豪的必要工具：槓桿

最後第三個投資的要素，就是 Leverage，理財初學者可能會覺得這個詞很難，但換成中文來看就非常簡單，Leverage 指的就是「槓桿」。大家都知道，槓桿就是能協助輕易地提起重物的工具。

投資中的槓桿，就是協助投資人能用比較少的錢買進昂貴資產的道具，能用小錢買進昂貴公寓大樓的方法有什麼呢？就是從銀行貸款。例如想買進價值 5 億韓元的房子，若房貸能貸到 50％的話，我手中只要有 2 億 5,000 萬韓元即可。

在投資股票時也能藉由槓桿的幫助，就是利用「保證金率」，特別的是股票依照公司規模等的不同，保證金率也會不同；保證金率為 50％的股票，就是讓價值 1 億韓元的股票用 5,000 萬韓元就能買，而保證金率 20％的股票，就是讓價值 1 億韓元的股票能用 2,000 萬韓元買入。

槓桿的力量在該資產價格上升時可以明顯地體會到，例如以 1 億韓元買進的股票上漲後，變成 1 億 2,000 萬韓元的話，報酬率就是 20％，但是如果使用槓桿後，實際只投入 2,000 萬韓元買進的話會怎麼樣呢？相當於以 2,000 萬韓元賺進 2,000

萬,所以報酬率就是 100%。

在這之中,可能會覺得就只差在報酬率是 20％還是 100％而已,不管如何報酬一樣都是 2,000 萬韓元。但是本金為 1 億韓元的人,若完全不使用槓桿的話,就只須滿足在 20％報酬率即可,但若借助槓桿的力量,就能買下價值 5 億韓元的股票,那麼報酬就會是 1 億韓元。以同樣本金,若不使用槓桿,則只會產生 2,000 萬韓元的報酬,但透過槓桿就能增加為 1 億韓元。

再次整理投資的三種要素:第一是複利的魔法,第二是通膨,第三是槓桿。這雖然只是我的想法,但正是多虧正確了解並活用這三種要素,讓我實現了財富自由。

富爸爸的提醒

投資是知道多少就能看到多少,看到多少就能得到多少。

「不要負債」的時代已經過去了

　　通膨與槓桿都是在資本主義系統中非常重要的要素，而為了能在資本主義系統中生存，必須要理解這兩種要素的組合。

　　若貨幣量增加就會發生通膨，物價會上漲，像這樣當貨幣價值下跌的話，現金的價值也會漸漸下跌，假設在這種狀況下使用貸款，因為現金價值下跌，所以從銀行借到的錢，價值也會下跌，但是用借來的錢去買股票或不動產的話，這些資產會隨著通膨價格持續往上，要還給銀行的本金隨著時間過去，價值會漸漸下跌。

💲 負債買進資產的好處

通膨雖然會讓自己持有的現金價值下跌，但我從銀行借來的錢，價值同樣也下跌。

如果從現在回推 30 年前，也就是在江南價值 30 億韓元的公寓大樓曾為 1 億韓元的時期，若從銀行貸款 1 億韓元買下那間公寓大樓的話會如何呢？雖然 30 年間每年需支付利息給銀行，即使是 10％左右大約也要 3 億韓元。因為利息並非以複利計算而是單利計算，想想看，如果是從 1 億韓元漲到 30 億韓元的公寓大樓，利息 3 億韓元也不是那麼大的成本，再加上 30 年期間若是自住，也可想成是 30 年的使用費，而現在銀行因為利息還款期間結束，通知要償還本金，此時我必須償還給銀行的錢只有 1 億韓元。

30 年前江南公寓大樓的房價是 1 億韓元，現在連江南小型套房的保證金都不只這樣的數目，30 年前從銀行借來的錢，隨著時間推移，其價值也下跌了。如此若能了解當槓桿遇到通膨時會發生什麼後，才能領悟投資的根本。

長輩們常說「不能負債」，我也是從小看著父母掙扎於債務中成長過來的，自然而然就會覺得債務是不好的事，在腦中

產生絕對不能有負債的想法。但是負債也有好的負債和壞的負債，為了實現財富自由，成為有錢人，就必須要將壞的黑暗負債、轉為好的光明負債。

黑暗的負債，說的是因消費產生的負債，不管是分期買車或是刷卡購物等，使用在消費上的負債，就是長輩們說的壞的負債。相反地，槓桿是能成為明亮光芒的負債，因為不是用借來的錢去消費，而是買進會受通膨影響價格、能持續上漲的股票或不動產。

買進資產時，必須要考慮絕對價值

公寓大樓上漲的原因大致有兩種，一種是貨幣量增加的同時，價值的價格改變，即使公寓大樓價值不變，但價格仍會往上的意思。另一種是實際價值上升的情況，例如公寓大樓正前方要蓋新的小學或開通地鐵站，或附近有大企業入駐，使得不動產周邊基礎設施加分，絕對價值就會上升。

雖然通膨也會讓價值上升，但這裡講到的連絕對價值都上升的話，就是在說公寓大樓房價暴漲的意思。此外，供需法則也會引領價格上漲，想要的人越多、價值會上升的概念連小學

生都知道。

因此我們在投資時必須要思考資產的價值,如果我買的公寓大樓周邊出現會嫌惡設施,或出現新蓋的公寓大樓使得供給增加,那麼即使通膨讓價值變高,因為絕對價值下降,價格反而可能會下跌,最終為了要享受通膨的紅利,基本上必須要擁有不會變的絕對價值。

股票投資也是一樣的,以販賣泡麵的公司為例,100 韓元的泡麵 1 年賣出 1 萬包,30 年銷售額是 3,000 萬韓元,但如果泡麵價格漲到 1,000 韓元的話,銷售額會怎麼變化呢?因為泡麵價格上漲 10 倍,銷售額當然也會上漲 10 倍。企業銷售額增加的話,市值(能買下整個企業的價格)也會增加,這也是因為通膨讓企業價值的金額改變所致。

但是若這家企業經過一段時間後,將泡麵成功出口到國外、賣到 100 萬包的話會如何呢?此時企業的絕對價值也會提高,股價雖會依市場狀況漲跌,但會根據通膨造成的銷售額增加,以及企業價值的上升而改變,當然也會受到誰買進誰賣出的供需影響。

　　如果 30 年前從銀行借款投資江南的公寓大樓和泡麵公司的話,現在能賺到多少錢呢?這就是通膨和槓桿的力量。

貿然使用槓桿的投資，就是賭博

　　有一個遊戲是出現錢幣的正面就會虧錢，出現錢幣的反面就會賺錢，此時兩面都賭的話會發生什麼事呢？什麼都不會發生，不管錢幣正面或反面，虧錢也同時賺錢。

　　但是投資即使和丟錢幣的遊戲類似，但擁有著不同的結構，勝利的話會得到 1 個錢幣，但即使失敗也不會失去剩下的 1 個錢幣。就像公寓大樓或股票的價格再怎麼上漲，只要沒有賣出就什麼報酬都無法得到一樣，即使公寓大樓價格下跌，沒有賣出的話，就不會有任何損失。股票投資中，除了下市這種極端情況之外，能確定是否虧損的，只有在自己賣掉股票的那一刻。

⑨ 掌握「實現損益」的主動權

「槓桿」毋庸置疑是許多人在投資上成功的武器，但是對新手投資人來說，反而可能成為毒藥，因為錯用槓桿的話，就會讓投資變成賭博，接下來要說明必須要活用槓桿的理由。

有個投資人擁有 100 萬韓元，全部投資之後達到 100％的報酬率，帳面上變成 200 萬韓元。接著他多借了 100 萬韓元，追加投入 200 萬韓元，結果這次虧損了 50％，那麼，他連原本擁有的 100 萬韓元本金也都全部賠光。槓桿雖然會讓獲利最大化，但也會讓虧損最大化，所以若沒有好好使用，就會成為非常危險的投資武器。

槓桿危險的理由，在於放棄了主動實現損益的權力。不使用槓桿的投資人，投資的個股即使發生 99％的虧損，不實現損益的話，都還能再繼續等到帳上的收益轉正。

但是若使用 2 倍槓桿後產生 50％虧損的話，因為投資本金全都沒了，投資就要被中斷，意即實現損益的權力被搶走了。

有豐富經驗的投資人，因為選擇好個股的能力很優秀，能適當使用槓桿，遇上實現損益的主動權被搶走的可能性很小，

並兼具有效停損的心態與技術，在狀況惡化前就能採取合理與合適的處理方式。

但是新手投資人要擁有那種心態與技術是非常困難的，常常會說「要用閒錢投資」，這句話並非僅指使用閒置的錢來投資，而是在投資時，掌握實現損益的權力，不會被其他原因剝奪。例如拿了下個月的生活費投資在股票上，別說是上漲，若大幅下跌的話，會發生什麼事呢？如果不想餓死就只能實現損益，即使不想賣出，但不這麼做生活會出現困難，這就是被剝奪了主動實現損益的權力。

在投資的世界中，槓桿可說是非常強大的武器，想想它的文字組成「槓」與「桿」就更能理解。但若是脆弱的槓與桿，反而無法好好發揮它的功能，過多的慾望也會折斷槓桿，讓它永遠無法再被使用。

富爸爸的提醒

建議新手投資人用閒錢投資，
並掌握實現損益的主動權。

小額投資的基準不是金額，是心理

大家思考看看，下列當中最危險的行為是什麼呢？

（1）買價值 5 億韓元的公寓大樓。

（2）買 3 億韓元的美金。

（3）投資大型優良股 1 億韓元。

（4）投資成長股 1,000 萬韓元。

（5）在賭場賭 10 萬韓元。

以上行為我全都經歷過，最危險的絕對是（5），其餘的行為只是投資規模不同而已，風險其實都差不多。

💲 用 1 億元投資，
比花 10 萬元賭博更安全

不僅是投資規模，風險也會依照投資標的而變得不同，我不再去賭場的理由是因為風險太大而報酬太低。若想要心理能夠接受打擊，即使一次只下注 10 萬韓元，內心也不能有所動搖，想達成這種境界似乎要有淨資產 1,000 億韓元才行。相反地，美元投資只需要淨資產 10 億韓元，就能輕鬆地投資 1 億韓元。

在計算投資規模是否合理時，必須要計算實際投資的本金有多少，投資中的「小額」並不是數學名詞，而是依據投資標的的性質、可用資金還有投資能力，而有所不同的相對概念。

對剛開始進行投資的新手，我都會推薦用美元投資來累積小額投資的經驗，這裡小額的基準每個人都不同，對於有投資經驗卻沒有資產的大學生來說可能是 100 萬韓元，對剛出社會新鮮人來說是 1,000 萬韓元，對四十歲來說是 5,000 萬韓元，對已持有股票或不動產投資經驗的人來說可能是 1 億韓元。

例如有位投資人，整體可用資金為 1 億韓元，對他來說的小額，在投資美元時是 1,000 萬韓元、在投資股票時是 100 萬

韓元、在賭場賭博時可能是 1,000 韓元,所以希望大家訂出不會讓心理受到打擊、最適合自己的投資規模。

投資並不是為了賺取咖啡錢、炸雞錢的興趣,是賭上像血淚般的錢,和我與家人未來的生存遊戲。投資必須要是能賺取生活費並達到財富自由的道具,而為了能達到不虧損的安全投資,小額投資是非常值得一試的方法,但是不要誤會小額投資的基準。

💲 本金不同,風險承受力當然不同

「收集灰塵後還是灰塵」這句話,反過來想就是「即使虧掉灰塵也只是灰塵」。買公寓大樓所投下的 1 億韓元和買比特幣需要的 1 億韓元,只有金額相同而已,風險是大不相同。同樣地,投資在股票的 1 億韓元和投資在美元的 1 億韓元,其風險程度也不同,因為依照投資標的性質的不同,投資風險程度也會不同。

那麼 A 投資人與 B 投資人在同樣資產上都投資 1 億韓元的話,其風險度會一樣嗎?不會的。A 投資人是擁有 10 億韓元現金的高資產家,而相反地 B 投資人沒有工作、且全部現金就只

有 100 萬韓元，是用負債來投資。雖然是極端情形的比較，但我想說的是，**投資的風險程度會根據投資人資本力的不同而改變，聽起來像是理所當然的內容，但卻是很多人都忽略的事實。**

我曾經研究如何在賭場不輸錢的方法，而研究後也找到降低虧損且能穩定獲利的方法，那就是只賭最少金額。簡而言之就是一局必須要只下注 1,000 韓元才能辦到，但是用這種方式的話，即使連續賭 12 個小時，能獲得的報酬也才幾萬韓元左右而已，報酬與勞力相比太小了，所以我領悟到，用賭博賺錢並不是件有效率的事。

但是聽到這個故事的人，一致說出這句話：「改成下注 1 萬韓元的話，不就能多賺 10 倍了嗎？」但是若下注增加 10 倍的話，影響勝負的心態會崩塌，要獲利就會變得不可能了。

舉例來說，玩剪刀石頭布的遊戲，贏的話能獲得 1 韓元，輸的話會失去 1 韓元，即使連續輸 100 次，最多會失去的錢就只有 100 韓元而已，即使連續輸 1,000 次，最多就會失去的是 1,000 韓元。對持有 100 萬韓元的人來說，失去 1,000 韓元不痛不癢，同樣地在遊戲中贏了 1,000 次，即使獲得 1,000 韓元，也不過就是可以買一包餅乾的程度而已。

這次換個單位看看，贏的話獲得 1,000 韓元，輸的話失去

1,000 韓元的遊戲。資產有 10 億韓元的人來玩同樣規則的遊戲，在遊戲中假設同樣贏了 1,000 次，能賺到的報酬就是 1,000 韓元的 1,000 倍，也就是 100 萬韓元，100 萬韓元對於持有 10 億韓元的人來說，可也會是一筆好用的金額，但是若遊戲中輸家的全部財產只有 100 萬韓元的話，會如何呢？那是會瀕臨破產的程度，是非常危險的事。

即使以同樣資金投資，結果不同的原因就在於此。A 投資人以 1 億韓元獲得 1,000 萬韓元的報酬並不難，但 B 投資人以同樣 1 億韓元要獲得 1,000 萬的報酬卻有可能很費力。

為了提高投資成功的機率，必須有符合資本力的資金才行；資本力已經不夠強大，若還動用過多的資金，影響投資成功與否的要素——心態，就會崩塌。存下第一桶金後投資，是希望大家不要只是收集灰塵，而要去培養成投資本金，也要培養成即使虧損，也要像是只虧掉灰塵般渺小程度的資本力。

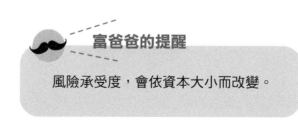

富爸爸的提醒

風險承受度，會依資本大小而改變。

還無法買房，就投資持有不動產的公司吧！

2008 年 11 月 18 日全球金融危機壟罩世界經濟的那天，我單一天虧損的錢是 1,800 萬韓元，且光兩個月期間虧損金額就超過 5,000 萬韓元，報酬率也是－ 95％。當時的狀況，艱困到新婚生活要在月租 25 萬韓元的頂加閣樓（屋塔房，옥탑방）度過。

如何呢？害怕股票投資了吧？像賭博吧？感覺像是絕對不能碰的事情吧？實際上，我經歷過這件事後，就認為股票投資就是賭博，所以好一陣子完全不再碰投資了。但諷刺的是，最後是到賭場賭博後，體會到投資的本質，才能認知到原本的想法是錯誤的。

在資本主義社會中，要成為資本家最簡單的方法，就是股票投資，但是股票投資也常被誤會是賭博。這是因為有許多人像賭博般地去投資股票，這並不是股票投資本身的問題，而是那些人的問題。

你的投資股票，其實根本是在賭博！

股票投資，「做」與「會做」完全不一樣，人們想要賺大錢的無盡慾望，對股票投資來說是最大的阻力，甚至還有假說提到，人類大腦是被設計為無法做好股票投資的。在我投資股票的 20 年間，足足有 17 年是停在新手投資人的水準，這在擁有平凡且普通的大腦與有常人金錢欲望的我身上，是一點也不奇怪的事。

我想要從新手投資人的心態中跳脫出來，但也知道「人是無法輕易改變的」，如果無法改變自己的話，就需要可以管住自己的一種系統，所以我自創了一套「七分帳戶」股票投資法。令人驚訝地是，從開始進行這項方法後，出現近乎奇蹟般的變化，讓我能夠穩定地進行股票投資。

股票投資的本質是「投資在好的公司上」，若無法做到

這點，任何心法都沒有用，所以我決定要找出值得投資的好公司。同時，我也領悟到自己其實對股票投資一竅不通，像PER、PBR、PSR、PCR、PEG、ROE、ROA等等，連非常基本的概念都不懂就開始投資股票，連為什麼要去看企業年報和財務報表都不知道。自從開始進行企業分析後，就擺脫了賠多賺少的危險投資行為，能夠做到小賠大賺、不會虧損的穩定投資了。

其實我想傳達的投資祕訣，與班傑明・葛拉漢、菲利普・費雪、華倫・巴菲特、彼得・林區這些聰明的投資人（透過書籍）傳達給大家的內容沒有太多不同。我只是將「難以模仿的事」用簡單的方法取代，「難以持續的事」就創造系統方法去控制而已。

如果現在正在投資股票的人，卻連該個股的PER、PBR、PSR、PCR、PEG、ROE、ROA、配息率、最近一期財報的銷售額與營業獲利、負債比率等非常基本的內容都沒確認過，或是甚至連這些字面意思都不知道的話，比起說是在投資，更像是在賭博。

這就像是連基本資訊都不清楚就買進公寓大樓，連公寓位置在哪、幾坪大、哪一樓、房間和衛浴有幾間、水電是否供應

正常、鍋爐是個別運作還是中央運作、方位是朝南還是朝北、鄰近的地鐵站是哪一站等等資訊都不知道,就簽下買賣合約。

💲 家具街的有錢人,是靠賣土地發達

曾經在某個經濟新聞網看過一則報導提到,在月薪一塊錢都不花的情況下,要存 20 年才能買下位於首爾的公寓大樓,現在因為公寓大樓價格大幅上漲,可能會比 20 年還要更久。

但是也有人在公寓大樓房價上漲前,就使用貸款這種槓桿或是差額投資等方式,成功買下自己的房子,不可能透過勞動達成的事情,能用投資化為可能,這是因為我們的社會要是資本主義社會才有可能。

聽說位於首爾市西大門區的阿峴洞家具街,許多家具業者是有錢人。原本我以為他們是因為生意很好才成為有錢人的,但家具業者需要製造和物流,相對地需要獲取較大的腹地,因此家具業者從很久以前就買入土地,隨著時間推移,土地的價格也扶搖直上的攀升,他們成為有錢人的關鍵就是因為後來賣掉一部分土地。這背後的故事,就是比起用家具本業賺的錢,透過不動產投資賺的錢要來的更多。

像這種在資本主義社會中賺錢的就是資本家，且為了成為資本家必須要經營公司，但是企業經營並不是簡單的事，也必須要有大規模的資本才行。

　　多虧人類發明股票交易體系，我們可用少少的資本成為企業股東，價值 100 億韓元的土地，與 100 人共同買進的話，一個人只要出 1 億韓元即可，且擁有從 100 億韓元土地所創造的收入中得到 1% 的權利。股票投資是能成為產生報酬之工具「企業」的主人，我只要持有 1% 的話，企業產生報酬的 1% 就會成為我的。

　　現在多虧不動產價格在短期間內上漲太多的緣故，股票投資著實變得更有利。一般來說，投資不動產會需要大筆資金，繳納交易稅、資本利得稅、持有稅等也很有負擔，因為變現能力不佳，所以如果突然需要現金的話也難以彈性處理。

　　但即使只用小錢也能投資的股票與投資不動產相比，稅金不到有負擔的程度；賣出後只要經過兩天，錢就會入帳，變現性也很好。透過股票投資的方式也能投資不動產，就是投資在持有許多有價值的不動產資產的公司上。

觀察一家公司實際持有的不動產

公司比起個人擁有更多資金，若為上市公司，會比一般公司擁有更多可運用的資金。因為不動產投資需要大規模的資金，所以企業比個人更有利，若是散戶投資人的話，比起買下 10 戶銀馬公寓 *，投資在持有 10 戶該公寓的公司會更簡單且更有效。

某間公司將目前市價為 15 億韓元的公寓價格，用在 20 年前原始購買金額的 1 億韓元標記，例如有間公司因持有該公寓共 10 戶，便記載為不動產資產 10 億韓元，該公司市值為 20 億韓元，但該公寓用現在市價計算的話，公司實際資產超過 150 億韓元，若知道這個事實，還有不買這間公司股票的理由嗎？

持有首爾市永登浦區時代廣場的公司，名叫「京紡」，其不動產資產在 2018 年 2 月時達到 7,000 億韓元（這裡指的

銀馬公寓位於江南地區，自 1996 年起開始重建工程，但因其為腹地廣大的公寓社區，重建將為居民帶來十分可觀的利益，同樣也引起投機人士的興趣，但也伴隨著政府政策的改變，讓重建計畫停滯下來，直到 2022 年首爾市廢除了「35 層層高限制」，使銀馬公寓重建案重新開始啟動。

是不包含建築的土地部分，現在應該又更上漲了）。但是以
2022 年 1 月為基準，京紡的市值約為 3,700 億韓元，馬上就能
計算出，若以 3,700 億韓元併購整個京紡，把土地全數處分後
能獲利差額 3,300 億韓元，當然會有稅金、負債等意料外的變
數，但即便如此，這還是很不正常的狀況，會發生這種情形的
原因之一，就是因為經營權繼承問題複雜的關係，因為在需要
負擔繼承稅的大股東立場來看，並不樂見股價上升後市值變高
的情況出現。

　　價值投資最基本的概念，就是「股價最終會收斂成企業的
內在價值」，若依照這個概念，不管是因為繼承稅，還是大股
東道德問題，**即便會花些時間，最終企業股價會往臨近企業持
有資產的價值移動。**

　　雖然資產不多，但能提供好的產品與服務，預估能穩定創
造獲利的企業，以及雖然主力業務朝向夕陽產業走去，但透過
長久以來企業實力累積資產，開發原有工廠腹地後、不動產價
值持續上漲的企業等等，各自都存在值得投資的理由。

　　在不動產的線上論壇，會看到有許多認為「股票投資就像
賭博一樣，絕對不能碰」的發言，相反地，在股票的線上論壇，
會看到「到底為何要投資報酬率不高、稅金很高的不動產」的

發言，我身為兩者都投資過的人，只想告訴各位：兩種投資都要做。

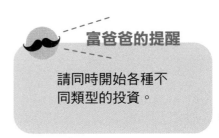

富爸爸的提醒

請同時開始各種不同類型的投資。

投資「方法」比投資「什麼」更重要

　　投資人最好奇的問題，就是「應該要投資在哪個項目」，不動產投資人必須選擇是要買公寓大樓、住商混合套房、店面，還是去抽籤知識產業中心的預售案；還有，要選擇首爾還是首都圈的不動產，還是買非首都圈城市的不動產，像這樣在開始投資不動產前，會處在無數要選擇的十字路口。

　　選出價值會上升最多的資產，是投資的根本，但是我在累積多樣投資經驗的過程中，認知到投資更加需要的是「應該如何投資」，好的投資方法為何。

　　我至今曾買過9間不動產，其中2間已賣出，目前持有7間不動產，華廈、公寓大樓、建物和土地，各種類型都有，且

全都上漲不少。

如果問自己「這是因為我的投資實力嗎？」我的回答接近「不是」，當然也不能完全說是運氣，我分析出的長期以來不動產投資成功祕訣如下：「使用可承受的槓桿，買下在不動產低迷期急著拋售的低價物件後，長期持有。」

不動產的地區、時機、種類都很多元，因此不是所有的不動產都適合投資，但投資結果與投資方法有很大的關係。雖然好好選擇投資標的很重要，但是關注「好的投資方法」更為重要。

在合理價格上，買進合理的企業

買進屬於良好資產的美元、買進江南公寓大樓、買進三星電子的股票，這樣就一定能賺大錢嗎？同樣投資美元，有些人用外匯保證金這樣危險的方法去投資，結果虧了大錢，相反地，也有像我這樣 5 年間一次都沒虧過錢的人，若不想虧錢，應該要如何投資呢？

「在合理的價格上，買進優秀的企業！」這是巴菲特說過的話，雖然有同感，但問題是我無法知道什麼是「優秀的企業」。

「在優秀的價格上，買進合理的企業吧！」這是 AEON 投資諮詢公司的朴成峻（音譯）改編巴菲特所說的話，我對這句話有同感，但是仍然不知道什麼是「優秀的價格」，簡單來說是我的投資實力不足。但是不能因為投資實力不足的理由就放棄投資，投資是若能累積經驗也就能累積實力，因此越不投資就越不利。若嘗試投資雖然「有可能會失敗」，但是若閃避投資的話，那就只有「失敗」，所以我認為能夠累積投資實力，同時又不會虧錢的方法是這個：「在合理的價格上，買進合理的企業。」

　　我在鑽研投資的同時，深感自己的實力不足以及對投資沒有天分，但是即便如此也沒有放棄投資，取而代之的是必須找出不會虧損且穩定的股票投資方法，研究過後我自創「七分帳戶」的投資方法。投資並沒有所謂的王道，但是努力鑽研的話，就會逐漸生成屬於自己的投資心法。

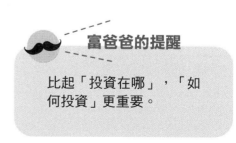

富爸爸的提醒

比起「投資在哪」，「如何投資」更重要。

第
2
部

打造源源不絕的
現金流系統

第 3 章

美元外匯——
可轉投資到美股

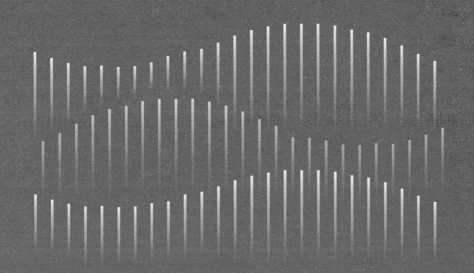

波動不大、方法簡單！
入門投資首選

　　過去的美元投資，是用於分散資產或作為投資避險方法，因為換匯手續費昂貴，只可能用來做長期投資，交易方法因複雜而有所受限，總覺得這是有錢人們才會做的投資。

　　但是世界已經改變了，隨著投資海外股票的人增加，美元需求也同樣增加，銀行或證券公司開始競相調降換匯手續費，這是因為若想買海外股票就必須把韓元換匯為美元，但換匯過程中手續費如果太貴，投資觸及率就會下降。所以現在美元投資已經不只是長期投資，也可用於短線交易了，只是才剛發生不到幾年而已，多數人仍對美元投資感到陌生而裹足不前，等同於錯過投資機會。

只要評估「匯率」就好的超簡單投資

像不動產這樣交易成本大且變現性低的資產適合長期投資，像股票這樣交易成本小且變現性好的資產，除了長期投資外也能用短線交易獲利。**美元同時擁有兩者的優點，像不動產般波動性不大又穩定，也像股票般交易方法簡單**，若好好利用這項特性，不但能做長期投資、也能用短期投資得到良好獲利。

美元本身就是貨幣，優點是沒有必要煩惱變現性，投資標的同樣也已經訂為「美元」，也不需要煩惱該投資什麼，只要想著要在匯率多少時交易即可，十分簡單，這就是我主張美元投資是「世界上最簡單的投資」的原因。

投資時若稍有不慎，就可能失去寶貴的本金，具有風險。但是投資（購買）自用住宅是相對穩定、美元投資也是比較安全的投資資產。投資在自用住宅很安全的理由在於效率很高，即使在虧損狀況下，也能用為「實際自住」，而美元投資同樣在虧損狀況下，可以用在「實際使用」上。美元比韓元有更多可使用之處，還能夠再投資到海外股票或以美元計價的資產上。

因為股票或不動產價格具有受通膨影響上漲的特性，稍有不慎、錯過買進時機的話，可能就會錯失投資機會，但美元投資不會。美元投資中最重要的決策就是「在（匯率）多少時買，在（匯率）多少時賣」，交易價格是最重要的。

　　但是就算無法掌握在好的價格買進或賣出也沒關係，因為美元投資是根據韓元與美元換匯比率決定損益，所以並不會無限升值或貶值，會持續在一定的範圍內漲跌，即使不小心錯過好價格的時機，只要等到下個機會來即可。

　　美元投資既不需要煩惱應該買「什麼」，也不需要過多苦惱「何時」應該要買，相對是心境較輕鬆的投資。更何況，低價買進、高價賣出可獲利的投資原理，與股票或不動產投資沒什麼不同，對於奠定投資基礎也很有幫助。

富爸爸的提醒

要投資，就從簡單容易的美元外匯開始吧！

幾分鐘內就賺到一年定存的利息

　　對美元投資猶豫的人，大多會這樣想：「換匯後，如果韓元匯率升值怎麼辦？」

　　如果因為這種想法而對投資猶豫不決的話，不管在什麼投資上都會有困難，若面對這種擔憂該怎麼辦？那就不能投資了嗎？答案比你想的還簡單，做到「不會虧損的投資」即可。我會對現在剛要開始投資的人說，先從美元投資開始體驗，因為這是目前所有投資類型中，幾乎可說是最安全的方式。

💰 新手投資人一定要從美元外匯開始

美元的波動性低，即使出現虧損狀況都還能承受，再加上波動幅度小，從韓元兌美元匯率歷史來看，匯率最低時是 700 韓元左右，最高時則是 1,700 韓元上下。

以 2022 年上半年為準，近 1 年間匯率最低的時候是 1,080 韓元，最高的時候是 1,200 韓元，即使在 1 年中最高的價格 1,200 韓元時買進美元，虧損率也不到 10％的意思，與一天可能會產生近 70％虧損的股票投資相比，可說是相當安全的投資。

投資是以錢賺錢的事情，在 1,000 韓元買入的美元，在 1,010 韓元賣出的話，能獲得 1％的獲利，有人可能會想說「才 1％」，但是跟要等 1 年才能拿到的銀行利息報酬率相比，一、

富爸爸的提醒

投資比起「知道」，
「做」更加重要。

兩天，運氣好的話甚至只要幾分鐘就可能達成來看，這 1％ 絕對不小。

　　投資基本上是暴露在風險中，風險程度越大，預期報酬率就會高，所以若想要做好投資，比起努力提升報酬率，努力減少風險更為合理。

💲 減少投資風險的兩種方法

　　投資時減少風險的方法，大致有兩種。

　　第一種方法是減少投資本金。本金較少的話，雖然獲利較少，但即使虧損也能虧得少，各位一定聽過「投資『虧了也沒關係』的金額」這句話，這也是在說減少風險規模的意思。

　　第二種方法是便宜買入。投資資產的價格依照供需原則變動，無論是不動產或股票，買入需求大量出現，價格會上漲也會產生泡沫，有句話說「要騎在正在奔跑的馬背上」，意思就是在人們關注變高時投資的話，價格追加上漲的機會高，但是在價格上漲時投資雖然能獲得更多獲利，但風險也很大，因為當泡沫破裂價格開始下跌的話，根據供需法則，價格常常會比實際價值跌的更多，所以不要貪心，價格低的時候買進，就是

能減少投資風險的方法。

　　害怕可能會虧錢而對投資猶豫不決的話，就從以小額便宜買入開始試看看，雖然獲利少，但可消除對虧損的恐懼，不僅如此，還可以學習投資的原理，進而能提升投資實力。

以美元和股票打造出 無限報酬的系統

　　我在賭場賭博的時候，眼前突然浮現出「投資」兩個字，過去總認為投資都是賭博，但在真的開始體驗賭博後，才領悟到投資和賭博是完全不同的。我在賭場沒有成為廢人或傾家蕩產，反而還能領悟賺錢的祕訣，就是因為把賭博做得像投資，而之前股票投資虧錢，則是因為把投資做得像賭博。

　　我終於了解到賭博和投資的差異，把這差異運用在美元投資、股票投資上，也領悟出投資的基本哲學，那麼賭博和投資有什麼不同呢？

💲 將虧損逆轉成獲利的多空策略

　　首先來看看什麼是賭博，丟一枚硬幣，下賭注猜會出現正面還是反面，這是賭博，如果賭 100 韓元在硬幣正面的話，若出現的是背面就會虧錢，就這樣而已，無法再多做什麼，只有一次的選擇就會虧掉 100 韓元。如果正面和反面都各賭上 100 韓元，不管出來的是正面或背面，結果都是回收本金，根本沒有意義。

　　投資則是與賭博完全不同的投資原理，假設硬幣正面和背面全都投資，丟硬幣後出來的是正面，投資在正面的錢變成 2 倍，投資在背面的錢發生虧損，但是只要不實現虧損，它就只會是「未實現」的虧損而已，並不是實際發生的損失，且還能繼續無限地丟擲硬幣，繼續丟之後，當出現背面的話就會獲利，這是因為在投資中，即使價格下跌，只要不去實現損益，就不會真的有所損失。

　　例如三星電子股票在 1 股 5 萬韓元時，投資了 100 萬韓元，有天股價暴跌後 1 股變成 3 萬韓元，這樣是虧錢嗎？如果這時賣出股票，使「未實現損益」成為「已實現損益」，就能視為虧錢；但是若不賣出，實際上就跟什麼都沒有發生一樣。因為

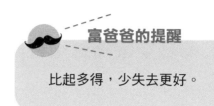

富爸爸的提醒

比起多得，少失去更好。

我買的 20 股三星電子，只要公司不倒閉就絕對不會消失，只要再等等看，下跌到 3 萬韓元的股價可能重新站回到 5 萬韓元，甚至有可能上漲到 10 萬韓元。

那麼在這種狀況下，希望股價重新上漲，應該滿足什麼樣的前提條件呢？那就是三星電子賺了更多的錢，公司價值要上升，那麼股價自然會隨之上漲。

總結來說，賭博只能賭正面或背面其中一面才能獲利，投資是同時「賭」兩面也能獲利。投資是即使做了錯誤的選擇，只要投資標的的價值不會完全消失，還能利用時間當作武器，有機會將未實現的虧損狀態逆轉為確定獲利的一天；這也是「多空股票策略（Long Short Strategy）」的概念，是一部分的資金買股等待高價後賣出（即做多），一部分資金在下跌期間先賣出後買進（即放空），建立安全投資系統，降低市場風險。

💲 將多空策略應用在美元投資與國內股市

我以多空策略投資美元後賺了大錢，買進美元等於在賭韓元價值下跌的同時也賭美元價值上升。

韓元兌美元匯率上升、代表韓元價值下跌、美元價值上漲，所以在適當時機實現獲利且重複執行的話，不管韓元兌美元匯率下跌或上升，都能創造出在任何時間皆可獲利的狀況。

此外，也有更積極的多空策略。通常韓元兌美元匯率上升的話，韓國股市的股價就會下跌，相反地匯率下跌的話，股價常常就會上漲。因為韓國的股市容易受到外資投資人影響，外資賣韓國股票的話，美元需求就會增加，買韓國股票的話，韓元需求就會增加，進而影響匯率。

因此，我會同時進行美元投資與國內股票投資，這也是因為兩者是反向移動的緣故，可以作為一種多空策略。韓元兌美元匯率上漲時，就賣出事先買進的美元來獲利，接著以該獲利買進價格下跌的股票，經過一段時間股價上漲實現獲利時，因為韓元兌美元匯率多會再次下跌，再用透過股票賺得的錢買進美元。不論韓元兌美元匯率上升或下跌，股價上漲或下跌，可以建立起在任何時間點都能獲利的結構。

當然，這個方法比起只投資在單邊的獲利少，但即使是再怎麼低的報酬率，只要出現獲利乘上獲利的複利魔法，獲利就只會越來越大。

以美元投資，獲利達市場報酬率 17 倍！

　　我在 2018 年以美元投資，達到市場報酬率 17 倍的獲利。如果我在 2018 年 1 月 1 日買進美元，在 12 月 31 日賣出的話，報酬率是 5.7％左右，但是多虧我在這期間重複進行報酬約在 0.3 至 1％的交易，才達成總共超過 100％的報酬率。

　　平均不到 0.5％、不斷重複交易後就達到 100％以上的報酬率——怎麼看都覺得好像很難，但其實不然。日平均 0.5％的報酬率，20 天裡每日達到的話，就是 10％，重複 10 個月就能達成 100％的報酬率，若再施展複利魔法，時間就能縮短到 3 個月。

　　我在進行美元投資的 2018 年一整年間，美元價格漲跌持續，最低到 1,050 韓元，最高到 1,140 韓元，1 到 6 月是較低

的價格區間、反覆漲跌，7 月大幅上升後，直到隔年 1 月都在類似價格區間反覆漲跌。如果 7 月初買進美元，到隔年 1 月都沒賣出的話，報酬率大概就會是 0％，這是因為 6 個月前、後的時間點，美元價格差不多。

美元價格因為會在一定的價格區間反覆漲跌，買入後等待賣出機會到來，賣出後再等待買入機會到來，交易一筆一筆的報酬率雖小，但因重複累積，就能創造出巨大獲利。

持有強國貨幣的安全感

我有信心投資美元的祕訣之一，是「美元＝錢」的特性，買進美元時把自己想作是美國人把韓元賣出；相反地，賣出美元時，就想成身為韓國人的我，全數買進韓元。

美元投資與股票投資並行時，也抱持這種心態；美元多的時候，美股的現金比重會增加；韓元持有量多的時候，韓股的現金比重也會增加，所以就會出現現金比重持續增加的情況。多虧有這種想法，即使全數賣出美元，也不會覺得等待價格再次下跌有多困難了。

巴菲特曾說過，「在覺得是好球時才需要揮棒」，美元

投資可以說是連球棒都不用揮，就可以用四壞球悠閒地保送上壘。韓元兌美元的匯率波動，在單一日內波動幅度小且變動慢，但每日的波動幅度卻不小。此外，美元跟比特幣一樣能24小時在全球交易，因此價格波動的時間是股票交易時間的4倍，這也是為什麼常常一覺醒來覺得價格大幅波動的原因。

我對於美元投資有堅定的信念，所以大量買進美元。即使因韓元價值大幅上升導致虧損，也想著那就移民到美國就好。有了這樣的想法後，就能進行積極的投資，即使「美元投資失敗」，對我來說也不會感到絕望。

其實，美國人的現金性資產幾乎都以美元持有，對於韓元價值完全不在乎，就像在土耳其幣值暴跌時，大家只會想到要去土耳其旅行購物，完全不擔心土耳其的經濟損失一樣。安全且波動性低的投資，其報酬率也小，但是若能重複投資的話，就能創造出大的獲利。

富爸爸的提醒

美元投資幾乎是唯一不會虧損的安全投資。

美元投資有明確的買賣時間點

　　美元換匯是非常安全的行為，就是把只能在韓國使用的韓元，換成連在美韓都能使用、流通性大的美元。投資的基礎若是低買高賣的話，美元投資是只要不要在貴的時候買即可，是世界上最簡單的投資。

　　那麼美元價格便宜時是什麼時候呢？**需要注意的是「價格便宜」跟「價值低」，這兩個詞看起來很像，但實際上不同。**價格便宜並不代表價值低，投資就是利用價格和價值的差距來獲利，價格與價值若都是一致的話，那低買高賣本身就是不可能的。

　　例如價值 10 億韓元的公寓大樓，以 5 億韓元的價格買下，

某天公寓大樓的價格等同價值的話，就能獲利 5 億韓元的價差，但是同樣的公寓大樓若以 15 億韓元的價格買下，價格等同價值，反而會蒙受損失。**因此為了能夠獲利，就必須要等到價格與價值的差距擴大。**

不動產價值會隨著通膨而上升，即使買入時的價格比實際價值稍微貴，等時間過去後，價值自然會隨之調升，多虧這種特點，不動產投資比起其他投資會更容易。

💲 美元價值下跌的訊號

韓元兌美元匯率也是在兩種貨幣的價值和價格漲跌時，出現投資機會。領韓元的月薪後，買房子、食物、衣服，對於使用韓元生活的韓國人而言，韓元的價值雖然可能會因為通膨而改變，但韓元的價格是不變的。1 萬韓元就是 1 萬韓元，5 萬韓元就是 5 萬韓元，如果我們以 1,000 韓元買進 1 美元來說基準，那麼能夠以 1,000 韓元買 2 美元可說是非常便宜的價格。

當然，若韓國經濟大幅成長、韓元價值上升的話就不一樣了。假設在外國買麥當勞，漢堡套餐的價格是 1,000 韓元／4 美元的話會如何呢？此時，就不能把之前能夠以 1,000 韓元買

進 2 美元視為便宜的價格了。簡而言之，未來想要清楚地知道何時可買進美元，就必須要好好了解美元的價值和價格，雖然 1,000 韓元的價格是固定，但是 1,000 韓元具有的價值可能會改變，如果 1,000 韓元／1 美元能買到漢堡，過段時間 1,000 韓元能買 2 美元時，1,000 韓元的價值就上升到能夠買下 2 個漢堡了。

許多人覺得美元投資很難又很複雜，是因為價值和價格的差距會同時發生在美元與韓元。但是這種差距不僅在美元投資，幾乎所有投資都會出現。在以 1,000 韓元能買 2 個漢堡時，公寓大樓的價格是 10 億韓元，但在 1,000 韓元只能買 1 個漢堡的現在，公寓大樓的價格若是 10 億韓元的話，就能說是以便宜的價格買到這間公寓了。

只是美元投資比起通膨，更容易受到國內政治、經濟、社會狀況影響。北韓射飛彈，雖然公車車資不會馬上上漲，但是美元價格卻會上漲，昨天 1 美元是 1,200 韓元，但在新聞報導出來後就必須要 1,210 韓元才能買到，若能理解這種美元投資原理的話，大概能抓到何時該買的感覺。

美元的價格不只因韓元價值漲跌而改變，也會因美元本身價值的漲跌而改變。如果韓元價值不變，但美國發生嚴重危機

的話會如何呢？美元價值會下跌，而美元價格、即韓元兌美元匯率就會下降。

⑤ 隨時實現報酬都可以的美元投資

將只有在韓國使用的韓元換匯成全球通用的美元，只要價格不要太貴，都是非常安全的投資，但若是將美元換成韓元，則可能會有風險。

韓國人將部分韓元換成美元的行為，常被認為是「分散資產、經濟避險」，但是美國人將一部分美元換成韓元的行為，就會被認為是「承受高風險投資」，所以賣出美元時要比買進美元更加慎重。

當然，這是適用於長期投資的情況，若是以匯率差額套利為目的進行美元短線交易，只要集中在換匯獲利即可，因為投資的目的不是為了避險，而是「獲利」。如同未實現的虧損不是確定的，未實現的獲利也不是確定的，比起因不賣而虧損來說，獲利了結後因價格上漲而後悔還比較好。

長期投資與短線交易兩種方式都能獲得複利報酬，但方式和概念有點不同，如果說長期投資是以時間為武器，施展複利

魔法的話，短線交易的武器就是「交易次數」。

若進行長期投資，原為 1,000 韓元的韓元兌美元匯率，就要等到上升到 1,200 韓元的時候，以投資本金 1,000 萬韓元買入的 1 萬美元變成 1,200 萬韓元後，能取得 20％獲利，但是在換匯之前匯率重新回到 1,000 韓元的話，獲利就消失了。長期來看美元投資在金融危機或在政治、社會上有危機的局面中，用於避險時很有用，但是在擴大資產上卻有限。

相同狀況下，並行短線投資，中間不斷實現獲利的話，就能擴大整體獲利，韓元兌美元匯率並不會無限上升或下跌，若能掌握下跌趨勢，持續採取分批買入策略，當趨勢改變為上升時，就能完整地實現獲利。

以長期來看美元不會持續上升，為了獲得更大的利益不應持有繼續等待，而是應在韓元有一定的獲利時，必須要去實現獲利。

富爸爸的提醒

美元價值下跌時買進，能產生獲利的話就賣出。

不投資美元，真的是虧大了？

全世界都在使用的儲備貨幣

　　美元作為主導貨幣，是超級強國美國所保證的安全貨幣，韓國對出口依賴度高，內需市場規模相對小，所以受匯率的影響較大，因此匯率具有維持在穩定範圍的特性。利用這項特性，在中間點以下買進，在中間點以上賣出，就能獲取中間匯差。另外，即使上升中間點以上，等待一段時間後會再次下跌。像這樣因為不斷出現投資機會，就能不斷反覆獲利。

　　韓元兌美元匯率太低或太高都不行，匯率如果太高、進口原料價格上升，消費者物價也會上漲，那麼消費心理萎縮之

下，國內需求變得低迷，國家經濟就會亮起紅燈；相反地，匯率如果太低的話，出口企業的狀況就會變差，使得工作機會下降、導致景氣萎縮。

因此政府會透過國家政策銀行，直接或間接地介入外匯市場，將匯率對國家經濟的影響盡可能降到最低，除了口頭干預，也會透過大量賣出或買進美元持續因應。但是如果介入太深，就會被美國指定為匯率操縱國，那麼可能會產生更大的經濟危機，所以政府須小心應對，避免陷入困境。

美元投資是一項安全的投資，也是對韓國經濟發展有貢獻的投資。匯率變低則美元買入量增加，匯率變高則美元賣出量增加，這樣的結構不斷被重複。因此，匯率上升後再次下跌，下跌後又再次上升，就會走向穩定，散戶做的美元短線交易對匯率穩定有所幫助。

💲 所有投資標的中，交易成本最低

美元投資是所有投資標的中交易成本最低的，這與有著高昂的仲介費、交易稅、持有稅、資本利得稅的不動產投資完全無法相比，跟股票投資相比，成本約 1 ／ 3。

股票投資若加上交易手續費與證券交易稅的話，100 萬韓元約會產生 3,000 韓元的交易成本；與此相比，美元投資的換匯與再次換匯手續費約 1,000 韓元左右，加上完全免稅。雖然外匯的波動性低，但因交易成本低，所以美元投資適合短線交易。

💲 不會產生機會成本

美元投資是以錢買錢，因此不會發生投資風險中的「錢被綁在特定資產所產生的機會成本」，為了投資美國股票而買進美元，與為了做美元投資而買進美國股票，看起來類似、但卻是不同的事。

若投資在股票或不動產的話，到產生獲利為止所等待的期間，都會發生機會成本，但是美元本身就是錢，所以再投資到股票、不動產、黃金就可以彌補機會成本，這種特性也是美元投資適合長期投資的理由。

美元投資的交易課：
用頻繁交易累積高報酬率

　　股票短線交易，雖然優點是可讓獲利快速增加，但同時具有危險的缺點，當下因為想賺到約 3％ 的小小報酬，可能會發生資金長期被綁住的狀況，那麼機會成本會無法控制地持續變大；為解決這個問題，只好進行停損賣出，就會將未實現虧損轉成已實現虧損，帶來失敗的投資。而這個過程再加上 0.3％ 的交易成本，損失又更大了。

　　但是美元投資跟股票投資性質不同，首先，即使發生未實現虧損，可以將其再投資到美股中，將機會成本降到最小，若運氣好遇到美股價格上漲，還能獲得更多獲利。只要美元不要買得太貴，就沒有停損賣出的必要，因為美元價格很快就會再

回來，且交易成本也才 0.1％左右而已，跟其他投資相比，不得不說真的是適合短線投資的投資標的。

💲 用 20 次的交易，創造每月 100 萬韓元的獲利

但是美元投資的投資本金規模要達到一定水準以上，才能獲得有意義的獲利，這是因為它具備是優點也是缺點的「低波動性」。以短線交易的觀點來看，美元投資的期待報酬率每次約為 0.5％，投資 1,000 美元後，當產生約 5 韓元的匯差時實現獲利的話，約可獲得 5,000 韓元，簡單計算的話，想用美元投資每月獲得 100 萬韓元，每個月要成功進行 200 次 0.5% 報酬率的交易。

如前所述，因為美元投資的機會成本低，可以不把未實現的虧損算入損益中，所以只要透過實現獲利、並集中在現金獲利上即可。即使如此，一個月要實現 200 次的獲利，感覺幾乎不可能。

但若將投資本金的規模提高到 10 倍會如何呢？若投資 1 萬美元，一個月只要實現 20 次獲利即可，這看起來是可以達

成的數字。事實上，以我的經驗來說是絕對可以做到的，但是美元投資一開始就要在一個月內實現 20 次獲利，也不是簡單的事。

　　方法其實非常簡單，把投資金額提高到 2 倍即可，投資 2 萬美元並實現 10 次 0.5％獲利，就能獲得每個月 100 萬韓元的獲利。而我一次投資 10 萬美元並實現約 0.5％獲利後，一天就能獲利 50 萬韓元，這種投資一個月期間只要交易成功（0.5％報酬率）兩次，就能獲得每個月 100 萬韓元的獲利。波動性低且安全性高的投資標的，就透過增加投資規模或是增加投資次數，或是同時提高兩者就能獲得更高獲利。

當然，想讓這種積極投資可行的話，就需要在匯率低時換匯，因為即使嘗試短線交易發生所謂套牢的情況，也必須保持心理穩定，相對地快速去回收資金。

　　那麼，只要有 1 萬美元的投資本金與可實現 20 次獲利的投資實力，就能獲得每月 100 萬韓元的獲利嗎？老實說仍有需要考量的變數存在。若不具備買之後就上升、賣之後就下跌，宛如鬼神般的買賣能力，為了持續實現獲利就必須追加買進，追加 20 次買進時，可能也會發生連一次都無法實現獲利的狀況，多買進 5 次後，可能也會在該價格區間形成箱型區間；相反地，匯率突然大幅上漲的話，可能會更快達成預期獲利，甚至會出現超額獲利。像這樣美元的短線交易，因為市場狀況常受到變數影響，非常難事先計算預期獲利。

　　儘管如此，依個人經驗，若能夠分 20 次、各買進 1 萬美元的資金，就能夠穩定地達成每月 100 萬韓元的獲利。當然，就像所有投資一樣，根據市場狀況和個人投資實力，一定還是會出現差異。

　　總結以上內容，要以美元投資每月賺進 100 萬韓元，需要以 1 萬美元為單位，一個月追加買進 20 次、共 20 萬美元的投資本金，且每次需要實現約 0.5％的獲利。

　　年度預期報酬率與總投資本金相比為 6％，但實際的預期報酬率可能還要更高，因為美元的短線交易很多時候可以不投入全部資金，也可能因更常實現獲利了結而產生更多獲利，也可能再投資於美股而獲利。

　　我以美元投資的最佳成績，曾達到年度超過 100％的報酬率。雖然美元投資的報酬率比預期低，但卻是會依照市場狀況創造出非常高的報酬率，是一項具有魅力的投資，這也代表預期報酬率的下緣能穩健支撐、上緣則是向上開放的。

第 4 章

股票──利用波段賺價差與配息報酬

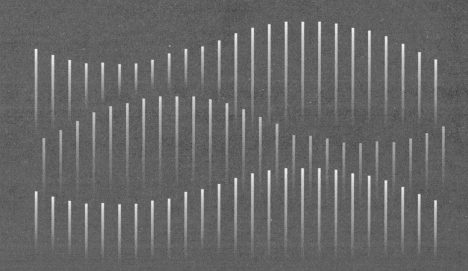

買低賣高、不被套牢的交易原則

電影《原罪犯》的主角被人監禁了 15 年，當他遇到囚禁自己的壞人時，問他為何要監禁自己這麼多年。壞人回答是「你應該要問我，為什麼放你出來！」並說：「如果你問了錯誤的問題，當然不可能得到正確的答案！」

大部分的股票投資新手，最好奇「什麼時候要買」？以投資術語來說就是「時機」。但這個問題，就像壞人所說的，是錯誤的提問，所以很難給予正確的回答。

想買在低點，只有一個方法

不過，有接近正確解答的答案，那就是「便宜的時候」買。但是關鍵的「便宜的時候」決定性並不明確，因為任誰都無法正確掌握股票的價值。雖然透過公司資產、營業獲利等財務數據可以大略掌握，但還要考量無法量化的未來價值，故正確掌握價值近乎是不可能的事。

估算「便宜的時候」的另一個方法，就是以時間為基準去看，今天價格是否比昨天更便宜，比 1 年前更便宜，但因為這也可能比明天的價格更貴，所以無法完美判斷，最多只能知道「比較便宜」的程度。

因此，要找出股票「何時要買」的解答是非常困難的，但是稍微改一下問題的話，就能找到正確答案，不是「何時應該要買」？而是改為「該怎麼做，才能便宜的買到」？因為本就知道應該在便宜的時候買進，只要知道能便宜買到的方法即可。**那麼，要怎麼買才能便宜買進股票呢？唯一的方法就是「分批買進」。**

若只想要找出便宜買進股票的厲害祕訣或心法，或許會對這個答案感到很失望，但只有這個方法是一般人也能便宜買進

股票的唯一方法，若非具有個股分析能力、洞察力、慧眼的投資高手，這是誰都無法否認的事實。

當自己買的股票價格下跌時，是否曾經做過所謂「攤平」的加碼買入呢？若你一直有在投資股票的話，應該有過這種經驗。但從現在起，比起逢低的買進攤平，希望你能嘗試自主有計畫的加碼買進，目標就是要達到「便宜買進」。

傳奇投資人彼得·林區在《彼得·林區的投資故事》中是這樣說的：「分批定期定額投資，能保護我們不受股市漲跌所動搖。」世界最頂尖的股票富豪華倫·巴菲特也說過類似的話：「對於很了解的個股就長期投資，沒有信心的話就分批投資在指數型基金上吧。」

這兩位投資大師共同提到「分批」，簡單來說就是分開買的意思。希望從現在開始，選定要投資的個股後，不要再提出「何時該買」的錯誤問題，而是要思考「該如何分批買進」。

💲 讓獲利最大化的不敗賣出法則

股票投資基本上要低價買進、高價賣出才能賺到錢，我們努力找出優質個股的理由，就是因為即使無法低價買進，股價

隨著時間過去而上漲，就能高價賣出。依照這個邏輯，股票是否能夠高價賣出，是決定股票投資能否成功的關鍵。

但是就像無法預測股票的低點一樣，股票的高點也無法預測，常有投資人抱怨「買的話就下跌，賣的話就上漲」，若依照價值投資的方式，賣出股票的時候，是股價接近公司內在價值，但是有兩個問題——

（1）不知道符合公司內在價值的股價是多少。

（2）想在比公司內在價值還高的價格賣出。

各位是否曾經有過這樣的經驗：已經努力掌握公司的合理價值後才賣出股票，但賣出後股價又上漲？這時候不由得產生沒有把握好合理價值的自我懷疑，也會產生股價走勢是否跟公司內在價值無關的想法。

說得好聽是「分批買進」，說得不好聽是「攤平」，這是大部分做股票投資的人不用特別教、也能自己做好的技術，但是「分批賣出」就不同了。分批賣出後，若股價上漲，也還有剩下的股票；若股價下跌，幸好已有部分實現獲利，也產生再次買進的機會。但是若股價上漲，很多人會後悔覺得「不該賣」，若股價下跌，則會後悔「應該要賣」，這就像是「杯子裡只剩一半的水」和「還有一半的水」一樣，只是心態的差異

而已。

　　能低價買進股票最好的方法若是「分批買進」的話，高價賣出股票最好的方法仍然也是「分批賣出」，且就像「應該要如何分批買進」很重要，「應該要如何分批賣出」的技術同樣也很重要。

富爸爸的提醒

快樂分批後會加倍，悲傷分批後會減半，股票分批後會獲利。

投資配息股，就像有間套房穩收月租金

　　即使不賣股票也能一點一滴地收到穩定獲利的，就是配息股投資，但是新手投資人一開始不知道哪幾間公司會配息，也不知道如何確認公司配息支付明細等等，然而有個網站能確認這些資訊，就是韓國集保院的證券資訊網「Seibro（https://seibro.or.kr）」。[*]

　　舉例來說明，進到「股票＞配息資訊＞詳細配息明細」畫面看看，接著搜尋「KT&G」，就能確認每個年度每股配息

臺灣讀者可至「臺灣證券交易所 https://www.twse.com.tw/zh/index.html，市場公告／除權除息」查詢各家股票的股利股息發放資訊。

（DPS）與現金殖利率是多少。KT&G 的每股配息在 2018 年是 4,000 韓元，2019 年是 4,400 韓元，然後 2020 年是 4,800 韓元，逐年穩定增加；在 2018 年的現金殖利率是 3.94％，2019 年為 4.69％，2020 年為 5.78％，也是逐年持續增加。

若要確認自己想投資的公司，股票配息是否穩定增加的話，要看的不是現金殖利率，而是每股配息。現金殖利率會根據股價變動，如果 1 股是 1 萬韓元的股票，配息 1,000 韓元的話，現金殖利率就是 10％，但是股價下跌後，1 萬韓元的股價跌到 5,000 韓元，即使同樣支付 1,000 韓元配息，現金殖利率則會變成 20％。

💲 不要漏掉除權息日

到了年底，常常會登上入口網站搜尋排行榜的詞就是「除權息日」*，大部分會配息的公司都是 12 月底結算，所以會支

在臺灣，各大公司通常會在 4、5 月董事會議上，決議如何將前一年的盈餘以現金股利、股票股利兩種方式分配予股東。因此除權息日大多集中在 6 ～ 8 月，但也有些企業會採半年配息一次，如環球晶；有些企業是三個月配息一次，如台積電。

付配息給 12 月 31 日在股東名冊上的股東們。「記載在股東名冊上」，指的是持有該公司的股票，也就是會支付配息給在這天持有股票的人。想要領取配息，就要在該公司定出的日期前持有該公司的股票即可，股息會在 4 月入帳到股票帳戶或指定的銀行帳戶。

看起來很簡單，但每年年底「除權息日」登上熱門搜尋關鍵詞，還有其他原因，那就是 12 月底持有股票的方法計算有點複雜。買進股票的話，包含下單當天算起，會在「第 3 個交易日」那天，完成款項交割，例如 1 號買進的股票，會到 3 號才會實際持有。

這裡也必須注意「第 3 個交易日」之「交易日」，指的是可以交易股票的日子，包含韓國在內大多數的國家，股票交易日都是指定為星期一到星期五，假日不交易，所以股市不開盤的星期六、日以及國定假日之外，第 3 天當天就是實際持有股票的日子。

如果 12 月 31 日星期二應該要持有股票的話，並非是在 3 天前的 12 月 29 日星期日買進股票，而是應該在 12 月 27 日星期五之前要買進，這樣才能得到可領股利的「配息權利」。但是新手投資人可能又會遇到另一個陷阱，因為通常 12 月底

股市會休市，所以其實不是 12 月 27 日星期五，而是必須要在 12 月 26 日星期四之前買進股票，才能獲得配息。

因為 2022 年 12 月 31 日是星期六，所以計算除權息日非常簡單，想獲得股利，必須要在 12 月 30 日前持有股票，所以在 3 個交易日前的 12 月 28 日星期三前買進股票即可。確認配息後，在除權息日的前一天買進股票，取得配息權利，就等著股利進帳即可。

💲 可領股利又可賺價差的穩賺模式

但是，如果在收到股利前，急需現金得要賣出股票該怎麼辦呢？從結論來說，獲得除息權利後，即使賣出股票也仍能得到股利，除息權利由各公司所定的除息結算日為基準決定，即大部分公司都會以 12 月 30 日為準，只看是否持有股票來判斷支付股息，不管在 1 月 1 日到 12 月 30 日都持有股票，或是只在 12 月 30 日持有一天的股票，都同樣視為擁有除息權利的股東。*

以臺灣的狀況來說，若一家公司的股票除權息日為 5/15，則只要在 5/14 還持有股票，便可參與配股配息。無論是只持有 5/14 一天、或是持有到 5/15、5/16，都可領到股利。

以 2022 年來說，在 12 月 28 日買進股票，並在隔天 12 月 29 日賣出的話，只要持有一天，就能獲得年度配息報酬。即使只投資一天就能獲得股息，也不會被批評是卑鄙的投資方法，因為在除權息交易日這天股價通常都會下跌，雖然只要一天就能獲得 5％報酬，但因為股價也有可能下跌 5％或更多，所以用短期來投資配息股並不是個好方法。

除權息日的隔天股價會下跌，是因為將公司的現金資產分配給股東，導致現金減少的關係，該公司的現金資產減少、股價當然也會下跌，但幸好是暫時下跌的股價，大多能在短期間內恢復到原本股價（填息）。

所以最好的配息股投資方法，是長期持有該個股獲得股息報酬，並靜待股價上漲賺取價差獲利。若能獲得除息的條件都已經完備，只要等待股息入帳即可。

成為房東，就能每個月穩定收取入帳的月租，這是光想像就覺得幸福的事，但是好好運用配息股的話，也能夠創造出不輸給收取月租的現金流。雖然韓國配息股大部分都是 1 年一次的年配息，於 4 月左右入帳，但是海外股票中每季配息的股票很多，好好運用的話，就能像每月獲得月租一樣，創造出每月獲得股息的現金流。

如果投資了 1、4、7、10 月配息的 A 股票，以及 2、5、8、11 月配息的 B 股票，以及 3、6、9、12 月配息的 C 股票的話，就能創造每月領配息的系統（甚至也有每個月都配息的股票）。

　　與緊盯價差的股票投資相比，投資配息股有著完全不同的魅力。若是一間每年穩定配息的公司，因為已經充分成長達到某種程度，不太可能有戲劇性的成長讓股價飆漲，但是具備能夠穩定配息的優點，所以如果想要享受安定的退休生活與財富自由的話，建議多花些心思在挑選配息股的投資上。

富爸爸的提醒

為了達到財富自由，配息股投資是必要的。

最重要的問題是「為什麼要買」？

　　股票投資大師霍華‧馬克思曾說過「我知道的就是，我什麼都不知道」，這也是我最喜歡的一句話；我把這句話詮釋為「即使不會預測經濟展望或股價，也能進行投資」。

　　以技術分析為基礎來投資股票的動量投資人，會看著線圖走勢預測未來；重視基本分析的價值投資人，預測企業成長性後判斷企業價值，但是套用霍華‧馬克思的名言，這兩種行動都可能看作是徒勞無功的，因為預測是連投資高手都不可能辦到的事。

　　「股票應該何時買進，才不會虧錢呢？」這個問題的答案，其實就是「應該要在股價低的時候買進」。那麼這個問題

的本意，可理解為「應該何時買，才能以較便宜的價格買進？」

　　若不想在股票投資上賠錢，就在比未來股價便宜的價格買進即可，因為比較對象是未來，所以需要知道未來的股價，如前所述，這是幾乎不可能的事。能相對便宜買進股票的方法，可說是只有在比昨天還便宜的價格買進，但是問題是這個「昨天」的概念會持續改變；過了一天，昨天就變成前天，想要相對便宜地買進股票的話，就需要適用另一個概念，就是「每次股價變得便宜時，就繼續買進」。

　　綜合這兩種概念，便宜買進股票的方法整理如下：<u>（1）若比昨天便宜，就買。（2）每次變便宜時，就買。</u>

　　當然這個方法的前提是，股價最終會上漲，這是只限於用於價值優良股票的策略。你是否曾有投資過在 30 年內上漲 100 倍的個股，卻無法便宜買進反而還虧損的經驗呢？那麼就應該思考為什麼總是投資失敗的原因。

💲 分散投資並不是「買好幾支個股」

　　因為無法預測未來，能夠便宜買進股票的唯一方法就是分批買進，有時股票高手們會說要小心四散投資在各種個股的

富爸爸的提醒

比起「何時要買」更重要的是,「為什麼要買」。

「百貨公司式投資」,應該要「集中投資」,還會補充「若不是專業投資人的話,個股分析能力不足且投資時間也很少(因此最好集中投資)」,但是這句話看起來,反而會得到應該要分散投資的結論。

一般投資人的個股分析能力不足且時間也不多,因此並沒有能力找出還不錯的少數個股。如果這些話是出自主張「無法預測未來」的價值投資人,就會帶到自己否定價值投資的結論,因為再怎麼努力選出的企業,都無法排除像破產這樣難以預測的事。

我們無法預測企業的成長,可能的話最好分散買入的價格和投資的個股,但是分散也需要技巧,若持有的個股股價暴跌,就毫無計畫地衝動跟風買賣,反而會處於更大的風險中。

不過，在出現便宜價的時候分批買進，但可能會發生投資本金有限而無法繼續買入的狀況；另外，若只在相同產業中分散投資個股，也會有問題，例如分散投資國民銀行、韓亞銀行和友利銀行等等，就等於是集中投資在銀行類股的領域；當然，除非這是有策略的（同一類型股票）分散投資，則另當別論。

買進股票後，絕不能放著不管

買進像三星電子這種優良公司的股票後，只要放著不管就能獲得高報酬嗎？投資如果是那麼簡單的事，有在投資的人早就都變成富翁了！

長期投資不但實踐困難，結果也不是誰都可以承擔的，再怎麼看都不是有效率的方法。什麼努力都不做，買進股票後就擺著，能夠賺大錢嗎？不做努力只期待著高報酬，可能太過貪心；不做任何努力的話，資本金再怎麼大也很難獲得成功，所以比起「長期投資」，我推薦「長期性投資」。

猛然一看很像在開玩笑，但這兩種投資方法上有很大的差別，「長期性投資」意指長期間不間斷地進行投資，每月投資

一定的金額買進股票的定期定額投資，就是長期性投資代表例子。買進後就完全放著不管的「長期投資」，當投資失敗時，不只浪費錢，也浪費無法回復的寶貴時間，甚至這段時間也無法累積正常的投資經驗，失去提升投資實力的機會。

💲 用長期性投資累積小額的報酬

投資不是買下後光等待就能中獎的樂透，反而如同忌口的耐心與持續運動是最確實的減肥祕訣一樣，投資也是需要耐心和堅持不懈的嘗試。

常常有人會把長期投資描寫為節制貪婪的行為，但是從不同的觀點來看，這才是最大的貪婪，不做任何努力、只有（把股票放著不管，應該擺著就會賺錢的）貪婪；相反地，短線投資會被當成想快速獲利、充滿貪欲的投資方法，但是我所說的短線投資，從實現獲利的期待值較小的這一點來看，稱不上是貪婪的投資方法，即使是 3 ％的報酬也很寶貴，因此投資需要的時間相對較短。短線投資並非要在短時間內得到 2 倍、3 倍的獲利，而是長期一點一點地累積小額獲利。

在長期投資上失敗的話，不光是金錢上虧損，也會浪費時

間;但長期性投資即使失敗,相對虧損較小。投資是非常危險的行為,**若是新手投資人的話,比起努力去獲得更多,盡力減少損失更好**,先累積小小的經驗並提升實力,才能夠做出更順利的長期投資。

用長期性投資,才能帶出成功的長期投資,妄想不做任何努力,單靠一直等待就要獲得好幾倍獲利的想法,是非常危險的。

富爸爸的提醒

投資不是 100 公尺賽跑或瞬間移動,而是要持續集中精神的馬拉松。

新手晉級的關鍵——學會停損

　　若預測未來股價會更下跌的話，即使承擔虧損也要把持有股票賣出的行為，英文叫做「停損」（loss cut），也就是將虧損中斷的意思。簡單說明就是，<u>「停損，是防止虧損擴大的權宜之計」</u>，股市中甚至有句話說「停損能力就是投資能力」。很多投資人都認為如同利刃般的停損很重要，但是很遺憾地，新手投資人大多很難順利做到這點。

「停損」是投資高手的技術

　　人類有著「迴避損失傾向」的心理本能，損失比獲利更難

以忍受。例如有兩種遊戲，贏的話會得到 100 萬韓元，輸的話會失去 10 萬韓元；跟贏的話得到 10 萬韓元，輸的話會失去 1 萬韓元，人們會參加哪個遊戲呢？因為害怕失去，大部分人會更偏好後者。

對於新手投資人來說，這個心理本能導致幾乎無法做到有效的停損，**有些新手會誤以為將虧損過大的個股含淚賣掉，就叫做「已進行停損」，但那並非有計畫的停損策略，而只是面對虧損的恐懼激發的本能。**

確定虧損非常困難，而相反地，實現獲利非常簡單、下決定的速度也快；人類雖有迴避虧損的本能，但也有「可以的話想盡快實現獲利」的本能，所以很多人會不斷重演「小賺後大虧」這種沒有效率的投資。

不管結果如何，是否了解人性心理和對於虧損獲利的本能，對於進行投資有很大的差別；為何做這種決策、暴露在何種風險都不知道就繼續投資的話，成功獲利的可能性就會降低。若是新手投資人，沒辦法做好的事應儘早放棄，集中在能做好的事情會更有價值。

把「停損」當成投資高手們的特權，在擁有這種實力之前，完全不要使用比較好。就像若想挑選出好的個股，就必須要能

判斷出該公司的股價比內在價值還低；若想做好停損的話，就必須要能判斷出該公司的股價比內在價值還高，如果有那種判斷能力的話，就不是新手投資人了。比起草率地進行停損，倒不如先放下，以後或許會出現更好的結果。

💲 一次 10%的報酬，不如成功獲得十次的 1%報酬

有句話說：比起買，賣掉股票更難。不知道為什麼，上漲的股票好像還會再繼續往上漲的感覺，常常會出現賣掉後又往上漲、於是非常後悔提前賣掉；有了這種經驗後，對於要出手賣掉時就會相當猶豫。

當然，若與因停損而導致的虧損相比，這種後悔稍微好一點。新手投資人比起「獲得更多」，更應該集中在「虧得更少」上，當實現獲利的機會來臨，別貪心、勇敢執行賣出。

我給新手投資人一個讓獲利最大化的建議，就是即使報酬率低，也儘量以多次獲利的方向去投資，也因此分散投資是必須的。若只投資在一檔個股上，即使有一天能獲得很大的獲利，卻很難獲得多次獲利；但若分散投資在很多檔個股，雖然

很難一次取得大量獲利，但是可多次獲利。

投資在一檔個股時，若是多次買進的話，自然也能分成許多次賣出。一次實現 10％的獲利，與實現十次獲利 1％是相同的，但是後者的方法是複利投資，還能得到更大的獲利。

「虧短賺長」的建議，對於新手投資人而言可能想都不敢想，就跟不懂「ㄅㄆㄇㄈ」就想寫出小說、根本是有勇無謀的挑戰，集中在目前馬上能做到的策略上，對新手來說會更好。

富爸爸的提醒

停損，不懂的話千萬別做。若是分散投資，即使是從中途開始也 OK。

配息股投資的交易課：
定期定額的複利投資

　　以配息股投資來打造賺錢的水井，為了要創造每個月300萬韓元左右的穩定現金流，若投資在配息報酬率4％的配息股上，需投資約10億韓元。但是10億韓元是筆大錢，而且若金融資產有10億韓元的話，早就是超越財富自由的富豪了。正因為如此，乍看之下是一般投資人難以達成的事情。

　　即使有10億韓元可以投資配息股，將全部的投資本金都放在股票上是很危險的事，應該盡可能將風險因素去除，思考能穩定創造出現金流的折衷方案。

建立高配息股的投資組合

最現實的方法就是減少目標金額，例如不要全都用配息股投資來創造每月所需的 300 萬韓元現金流，把目標減少到 100 萬韓元，如此一來所需的資金也降到 10 億韓元的 1/3、即 3 億 3,000 萬韓元。

投資規模減少的話，風險也會減少，就能更積極地進行投資，例如能將目標配息報酬率從年化 4％提高到 5％。投資規模大的話，為了提高投資穩定性，必須分 20 ～ 30 檔左右的個股去投資；但投資規模變小的話，就能以更少的個股數量，打造以高配息股為主的投資組合，選出預期配息報酬率 4 ～ 6％左右的個股。

若提高了配息報酬率高的個股比重，即使扣除配息所得稅，也能獲得平均 5％的配息報酬率，若要達到以配息股投資創造每月 100 萬韓元左右的獲利，所需投資本金就是約 2 億 6,000 萬韓元。

如果一開始就有 2 億 6,000 萬韓元當然很好，但是即使沒有也有其他方法。在存到 2 億 6,000 萬韓元前，請進行複利魔法：持續增加投資本金，並把獲得的配息繼續再投資，就可以

比想像中更快的速度，以配息股投資創造每月 100 萬韓元。

　　這裡需注意的是，配息股投資的設定必須要用定期定額進行。例如以每月 200 萬韓元、1 年 2,400 萬韓元，約持續 10 年穩定進行投資的方式。定期定額投資是最安全也是最困難的投資，當股價上升時，不僅不想追加買入，反而還想獲利了結；相反地當股價下跌，要對抗因恐懼而賣出的人類本能。長期間的定期定額投資，可稱得上是說得比做得要容易。

💲 開兩個帳戶，讓配息股的獲利效率大增！

　　想要享受定期定額投資的優點且不受股價漲跌動搖的話，就必須透過分批買進、分批賣出，同時並行長期投資與短線交易。開設「長期投資帳戶」來管理配息股獲利，每當股價下跌時就追加買進，以降低平均成本價，同時在「短線交易帳戶」買入該檔股票，在每次股價上升時實現獲利了結。

　　如此一來，就能將短線交易的獲利再度投資到定期定額長期投資帳戶中，同時得到複利效果。

　　但此時也會擔心，最初買進的個股若不下跌，反而持續

上漲的話，那投資本金規模不就無法增加嗎？其實沒有必要擔心，比起股價下跌時的應對，股價上漲時的應對更為簡單，這種狀況下，只要追加找出新的優良個股來投資即可。

富爸爸的提醒

配息股投資，要分批買進、分批賣出。

短線投資的交易課：使用不同帳戶，分開買進、賣出

想用股票短線交易創造出每月 100 萬韓元現金流的話，首先要理解「未實現損益」和「實現損益」的概念。

假設投資 100 萬韓元在某檔股票（為了方便計算，暫不將 0.3％左右的交易成本算進報酬率中），該股票的股價上漲約 3％就實現獲利的話，可創造出約 3 萬韓元的現金流，而股票價格波動性大，一天獲得 3％獲利也不是那麼困難的事，如果這種投資一個月能成功 33 次左右的話，就能以 100 萬韓元的投資本金，取得每月 100 萬韓元的獲利。

但是若做過股票投資，就會知道這種事情實際上是不太可能發生的，那麼如果分成 10 檔個股來投資的話呢？在各檔個

股中，若每個月都能成功實現各三次的 3％獲利，就能達成每月 100 萬韓元的獲利。此時所需投資的本金總共是 1,000 萬韓元，但這也很難達成，在買進的股票中，別說是股價上漲幅度不到 3％，也會有下跌的股票。

設立一個專門「追加買進」的戶頭

但是若利用股價有可能下跌的這點，實際上即使股價在短期間內沒有大幅上漲，還是能獲利。最初買進後，當股價下跌 3％時，追加投入 100 萬韓元，若再下跌 3％，則再追加 100 萬元；股價下跌到 6％後、每上漲 3％的話，帳面金額就會有「＋90,000」的損益變動，把這種狀況也算進去的話，需要的投資本金就會增加到 3,000 萬韓元。

但是將 10 檔個股以這種方式投資時，會按照前述假設情境發生的機率約為 20％，那麼就會得到需要投資 50 檔個股的結論，此時需要的總投資本金雖增加到 1 億 5,000 萬韓元，但能達到創造出每月 100 萬韓元現金目標的可能性就大幅升高。簡單說明的話，在 150 檔個股上各投資 100 萬韓元，其中一個月期間，只要有 30 檔能夠實現獲利 3 萬韓元左右的個股，就

能取得每月 100 萬韓元的獲利。

　　各位也可能會有這樣的疑問：若其他的個股股價下跌的話，整體報酬率不就變低了嗎？這裡要謹記的是達成 3％報酬率實現獲利的是「確定獲利」，而股價雖下跌，但不賣出且繼續持有的個股虧損是「未實現損益」。以股票投資創造出的現金流是確定獲利，沒有必要將未實現損益包含進報酬率中。當然，這是為了容易理解，而舉出略為極端的投資情境。

　　追加買進一檔個股後，只要該個股沒有出現非常重大的問題，在下跌一段時間後就會反彈，那麼繼續以追加買進來因應的話，無論未實現損益再怎麼大，總有一天也能創造出已實現獲利。

　　舉例，假設在股價 10 萬韓元時買進三星電子，5 萬韓元時也買進，當股價變成 7 萬韓元的話，在 10 萬韓元買進的三星電子會變成每股虧損 3 萬韓元，但賣出在 5 萬韓元買進的三星電子的話，就能夠實現每股 2 萬韓元的獲利，因為每股 3 萬韓元的虧損是未實現損益，只要將時間當作武器繼續等待，就能將虧損轉變為獲利，而每股 2 萬韓元的獲利因為是已實現獲利，即使股價下跌也不會有任何損失。

　　不在意未實現損益，集中於確定獲利的策略很重要，拆分

帳戶進行分批買進和分批賣出，也是為了更明確地去實踐這個策略。在一個帳戶中追加買進後再分批賣出，未實現損益會和已實現獲利混在一起，導致計算上更複雜。

　　想要以 1 億 5,000 萬韓元的投資本金取得 100 萬韓元獲利，只要約 0.7％報酬率就足夠，但只要股價下跌約 0.7％，可能就會承受 100 萬韓元的虧損，這就是為什麼即使有點複雜，也要分開買進、分開賣出的原因。

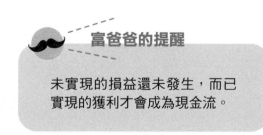

富爸爸的提醒

未實現的損益還未發生，而已實現的獲利才會成為現金流。

第 **5** 章

不動產——
可轉換成更優質的資產

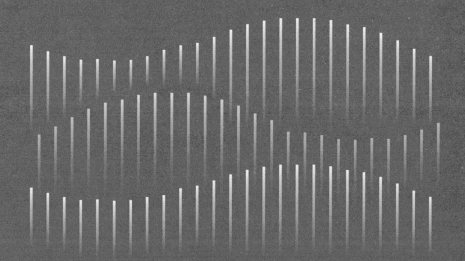

「買房自住」的投資效益最高

　　跟創造現金流相比，讓資產增值的難度更高，因為要看得比較久遠，若沒有好好準備的話，別說是白花錢，甚至有可能白花時間。讓資產增值的方法中，有一個失敗可能性最低的投資方法，那就是投資在自住房屋。

　　被譽為股票投資傳說的彼得・林區在《彼得・林區的投資故事》中提到，投資在自住房屋是「人生中最棒的投資」，且在書中花了比股票投資還要多的篇幅去說明其優勢。投資在自住房屋的理由有很多：

　　第一，即使經過很長時間，投資結果依舊不見好轉（房價未漲），仍能滿足「自住」的效用，因此是能確保安全利潤的

投資。

第二，只要不發生價格大幅下跌或繳不出利息的狀況，即使大幅使用槓桿，面臨強制清算的顧慮較低。

第三，家是人類維持生活所必須的其中一項，能確實地保障基本需求。

第四，因為世界上沒有兩個相同位子的不動產，基本上可說具有稀少價值。

第五，即便短期間價格會上下波動，但價格最終是會隨著通膨而上升。

但即便優點多，也不是完全沒有投資失敗的可能性。若在房價高點時買進，投資報酬率就會跟不上物價上漲率，且在實現獲利前可能會花非常久的時間。另外，被稱為「連靈魂都湊上」的過度槓桿，有機會讓可能性極低的「強制清算」成為可能。但是這句話也代表，只要不要買得太貴，仍是投資成功可能性高的。

在各位繼續往下看之前，想先特別強調：「不買貴」跟「不買貴的東西」，是截然不同的概念。

💲 從 30 年後的來看，
現在的房價都算便宜

　　房子是過去也貴，現在也貴，未來會繼續貴的東西，這裡的「貴」，是物品或商品價格比起實際價值高。在決定投資之前，要知道房子的內涵價值，才能知道價格是便宜、昂貴，還是剛剛好。大家都知道房子比鉛筆貴，沒有比較的必要，但我想買進的公寓大樓與隔壁社區同一樓的公寓大樓，兩者的價值就需要比較看看。

　　人們不買房的理由很單純，因為價格高昂。房價在短期間內上漲太多，當然會產生現在買房很貴的想法，<u>但是從現在起30 年後，以房價上漲 2 倍的未來為基準去思考，現在的房價反而應該視為是便宜</u>。自住型房屋光以生活這一點來看就需要買進的理由很充足，那麼就只剩下「那間房子貴嗎？」的疑問，對此的答案，要用「跟居住環境相比，價格如何」來判斷較為合理。

　　交通方便、周圍建設完備，連景觀都好的話，價值當然就會高，且還會更高。投資基本上要買得便宜、賣得貴，或便宜時買進、在貴的時候賣出，滿足其中一種就能成功。買得便宜

富爸爸的提醒

資產增值，從買進
自住型房屋開始。

賣得貴，這是以投資標的價值為基準來看，而便宜時買進、貴
時賣出，則是跟投資時機相關內容。綜合來看，只要不是買進
與自身所得水準相比居住環境品質過高的房子，那麼投資自住
型房屋失敗的可能性就非常低。

　　另外，有句話說「房子要用房子來買」，為了買進價值持
續上漲的資產，會需要勤奮存下價值會持續下降的現金，這是
在對抗通貨膨脹。若持有房子，就能夠在某種程度上防守住其
他更好的房子上漲，因為自己的房子也同樣在上漲。不要一開
始就買又大又好的房子，從符合自己收入水準的小房子開始買
起，一點一滴增加資產規模，才更有效果，這就叫做「資產增
值」。

認為未來房價會上漲所以事先買進房子的人，或是認為未來價格會下跌所以手持現金等待的人，同樣都是在做「投資」。但是根據投資的成敗，買進房子、房價上漲而獲利就成為「投機的人」，而手持現金等待的投資人會成為「不平等社會的受害者」。當然也有真的沒錢、也沒辦法取得貸款而無法買房的人，即使有足夠自備款也能成功貸款，決定不買房的話，那就是自己的選擇，希望大家能進行符合資本主義的思考與判斷後，選擇資產增值。

用房貸還卡債，意外成為
財富自由的開端

「自住型房屋是最好的投資標的」，這件事不只股票投資的傳說彼得‧林區，也是很多人都認可的事實，但是理想和現實總是相距甚遠，我們會覺得房價太貴而錢總是不夠，但是這兩種想法中，有一個是錯的。房價太貴也許是真的，但因為錢不夠所以無法買房，就只是藉口。我一開始下定決心要買進自住型房屋後，在沒什麼自備款之下就買了。

為了新的人生，從投資華廈開始

我剛入職場時，就欠下約 3,000 萬韓元左右的信用卡債，

租屋的保證金2,000萬韓元就是我全部資產,當時淨資產是負數。在「用信用卡東補西補」勉強撐下來的過程中,我覺得如果不趕快解決年利率近25%的信用卡債務,將永遠無法擺脫卡債,對於剛踏入社會的新鮮人來說,每月70萬韓元利息是很大的負擔,因此我下定決心買房。

「為了想解決債務而去買房」,這句話聽起來可能有點奇怪,但是當時買房的話,可以從銀行貸到房價總額80%、利息5%的一筆房貸。我決定用1億韓元買進有3間房間且新蓋好的華廈,有了銀行貸款8,000萬韓元,加上原本月租套房的保證金2,000萬韓元,我付了簽約金,並且向住在鄉下老舊2房華廈的父母提議,請他們搬進位於首爾的3房新家來住。

父母就將鄉下老家以保證金3,000萬韓元、月租30萬韓元出租,保證金就借給我償還卡債。結果原本3,000萬韓元的卡債,變成了8,000萬韓元房貸,但這筆住宅擔保貸款的年利率是5%,每月利息費用為33萬韓元,這跟每月要支出70萬韓元的卡債利息相比,是非常小的金額。除了可以讓父母住到更寬更新的房子,還多出未曾有過的月租金收入30萬韓元,而幾年過後,房價還上漲到2倍。

富爸爸的提醒

請集中火力買房，
不管用什麼方法。

💲 曾經可以零自備款買房的年代

像這樣即使沒有錢也能買房的案例，在 2014 年是可行的。當時是即使完全沒有自備款也能買房的時期，為了買下 3 億韓元的首爾公寓大樓，2 億韓元用住宅擔保貸款，剩下的 1 億韓元透過信用貸款，7 年後，房子的價格就漲到超過 10 億韓元。

我曾經以此事為契機，奠定了財富自由的基礎。但遺憾的是，當時並沒有進行差額投資，雖然早就知道貸款會產生的風險且能夠因應，但那時我覺得若在進行差額投資時，發生房價或傳貰價格下跌或空房的話，可能會發生我無法掌控的大事，現在想想，當時對投資的研究還是不足。

若當時有充分研究的話，或許能用差額投資賺進更多的錢。2015 年首爾公寓大樓中，傳貰價格與交易價格相同，或是反而傳貰價格更貴的現象，在各地比比皆是。這種以公寓大樓做差額投資的話，已經超越不需要現金的「無溢價（無Premium）投資」，反而可能是會產生多餘現金的「正溢價（Plus Premium）投資」。就算有 500 萬韓元的取得登記稅，7 年的報酬率也高達 2 萬％，雖然只是算術上的計算，但如果那時用 5,000 萬韓元買進 10 戶房子的話，合計 30 億韓元的公寓大樓價格，現在就會達到 100 億韓元，所以就能一次性的獲得財富自由。

　　隨著房價大幅上漲，慢慢存錢買房成為不可能的事情，而政府貸款規範政策雖然讓以槓桿買房變得困難，但是即便錢不夠仍然有買房的方法，只要願意承擔房價與傳貰價格下跌風險，就能以一筆小錢買進房子。

　　雖說如此，但並非一定要用差額投資來買房，如前所述，這是伴隨著相當程度風險的投資，**我想表達的是不管用差額投資，還是公開拍賣，或是何種投資，必須要集中在以自住型為目的買進房屋，而投資風險能透過學習研究隨之減少。**

　　在過去，只要有銀行安全的槓桿，即使錢不足、投資實力

與研究不足，也能買進房產，但是很可惜，現在已經是不可能的事了！這也就是為什麼我想建議大家，從現在要開始多多閱讀不動產拍賣相關主題書籍的原因。

2022 年的現在，好像有許多人苦惱到底要現在馬上買房，還是再等一下，等價格下跌時再買。我無法預測未來不動產價格是漲是跌，但是如果現在能買的話，建議現在就要買。自住型房屋是不管買進後上漲或買進後下跌，只要不賣掉就沒什麼差別，因為它是隨著時間過去，最終仍會上漲的結構。

債務的價值會下跌，但負債買來的房價會上漲

　　我的債務其實蠻多的，但是完全沒打算在死前清償完畢，可能還會平均分配給 4 個小孩繼承。以前曾經有過被稱為「高利貸」的殺人私人金融商品，曾把很多人逼上絕路，用殺人來形容一點都不誇張。

　　高利貸的問題在於難以想像的高額利率，這種地下錢莊系統的利率是每月 10％左右，換算成年利率的話接近 120％，甚至如果沒有及時償還的話，在延遲利息上發生複利效果後，1 年的時間債務就會膨脹為 3 倍，是非常可怕的系統，而賣身契只是一種選擇而已。

　　「即使去借高利貸也會幫你解決的，你就不要擔心學費

了。」這是過去常常聽到家長會說的話，表現出為了子女，不惜冒著生命危險做出的淌血決定。在這樣高利率的狀況下，從銀行貸款買房的想法就不是個好的策略，的確是大人所說「絕對不要負債」的時期。

但是世界改變了，是所謂的「負利率」時代。很多人都說，現在如果把錢存到銀行的話，反而搞不好還要付保管費，<u>錢的價值因為通膨而漸漸降低，借錢的成本也漸漸變得低廉。</u>

我們應該要知道的事實是，存在銀行的錢價值雖然下跌，但從銀行借來的錢同樣也是價值下跌，我說絕對不會去清償從銀行借的錢，理由就在於此。現在 1 億韓元雖是一大筆錢，但 30 年後，這筆錢可能是在便利商店打工幾個月就能償還的小錢。

<u>相反地，我和債務一起傳承下去的房屋，會因為通膨而漸漸升值</u>，現在雖然還不知道，但隨著時間過去，我的孩子們繼承房貸債務和房產的話，甚至還可以用來做生意。

💲 在未來，**房價最終會上漲**

人們會猶豫到底要不要買房子，是因為害怕價格下跌，但

是沒必要擔心如果房子買貴了該怎麼辦，在現在時間點可能買貴，但和 10 年後、20 年後遙遠未來的房價相比，更便宜的可能性很大。比起這種擔憂，倒不如煩惱當房價下跌後到再次反彈前，自己到底能否堅持得住還比較合理。

自住型房屋不是馬上就能賺取價差的商品，因為以自住的目的為優先，所以即使價格上漲也無法任意出售，即使價格下跌也不會馬上實現虧損。簡而言之，我們家若是住在適合居住的房子，那房價暫時下跌也無所謂，只要能承擔貸款利息，就不會有太大問題。1 年、10 年後的房價會比現在漲更多，還是因為暴跌而砍半，這個誰都不會知道，但是如果資本主義系統正常運作，100 年後的房價絕對會比現在來得更高，這是我願意賭上全部身家向各位保證的事情。

買房後房價下跌的話應該怎麼辦呢？請把房產和未來價值會自動下跌的債務，一起讓子女繼承吧！

富爸爸的提醒

請持有價值會在未來增加的事物，例如房屋。

買房時，別想著要一步到位

常言道「千里之行始於足下」，明明就知道的道理，在買房時卻完全忘記。一旦買了房子就不可能退款，還要支付房屋稅、印花稅等等稅金，既然如此，一開始就要買好一點的。但是就算到常常光顧的超市，也不一定每次都能買到好吃的水果，更何況第一次買房就是完美的機率實在太低。

任何事情都要多做才會熟練，投資也是，要試過才會越做越好。假設 A 買過 6 坪大的住商混合套房，也買過 10 坪大小的半地下華廈，還買過 25 坪大小的公寓，而 B 則是這輩子第一次和不動產仲介講話，A 和 B 若都買 32 坪公寓大樓的話，房屋的品質和價格就會出現巨大的差異。

想從一開始就買又大又好的房子嗎？雖然理解這種心情，但若一開始就想買進完美房子的話，反而會出現無法挽回的失敗。若是成績好、背景也好的人，馬上就能進大企業就業，但是若非如此，也有在中小企業累積經驗再跳槽到更好的公司的方法，當然會是更辛苦也更難的工作，但是比起一輩子都當無業遊民還要好。

買房時同樣也會有人剛開始就能買下位於首爾、又大又好的新建公寓，但若不是如此，就從屋齡高坪數小的華廈開始，再經歷過小型舊公寓後，再換到自己想要的公寓。

💲 從小房子開始，換到適合的房子

不動產是可以「轉換」的資產，是以房買房的概念。想買進又貴又好的房屋，就需要許多資本和槓桿，如果沒錢的話，就先買便宜的小房子吧！把現金轉換為資產，讓通膨幫你守住整體房價上升。這樣累積投資經驗，就會培養出分辨有價值不動產的眼光，投資實力也會漸漸提升，也許還能以這個資產當作踏板，擁有更好的資產。

我在 2009 年買進首爾外圍的小型新建華廈，是用全額房

富爸爸的提醒

「現金＋現金」就只是現金，「資產＋現金」就會成為更大的資產。

貸擔保貸款加上信用貸款買進，因此我就得在保證金 500 萬韓元、月租 25 萬韓元的屋塔房開始新婚生活，還必須要還每月產生的利息。

但是 10 年後，這個家的貸款本金一點一點減少，且所得水準也變得不同，償還貸款漸漸變得容易，以買房當時得所得水準，需要工作 10 年才能籌齊的尾款，現在只需要認真存 1 年就可達成的程度，且 2019 年把父母曾住過的這間華廈轉成傳貰出租，多虧這個傳貰資金加上貸款，能買進位於金浦 32 坪的公寓大樓，房價還在 2 年後漲到 2 倍。

如果我 2009 年沒有買進小華廈的話，2021 年就沒辦法買金浦的公寓大樓，一間房子變成兩間房子，從華廈變成公寓大樓，當然，也要有足夠的好運氣。但重點是，這所有的事情都是因為「資產轉移」才有可能發生。

　　能防守通膨的唯一方法就是持有資產，但是沒有必要一開始就從大型資產下手，各位必須了解，「資產＋現金」會成為更大的資產，把「更大的資產＋現金」，又會是成為更大的資產，以此類推、無極限加大。

當房東的風險，不小於股票投資

　　前面曾經提到，孩子們未來志願第一名是「房東」，像月薪般能穩定收取月租維生，也是所有投資人的願望。

　　成為大樓房東雖然很難，但以房東維生更難，雖然看似擁有無所不能的權力，但這幾年在 Covid-19 疫情下，看到四處掛滿招租布條，也會覺得好像所有房東都無法躲避空屋的風險。若有過催繳拖了好幾個月房租的經驗，就會知道收取每月應如期進帳的錢有多麼困難。有時會因為莫名的漏水花了一筆錢，壓力隨之而來的還有漸漸增加的不動產增值稅 *，已經快

―――
臺灣為土地增值稅。

威脅到超過月租收入的程度。總而言之，悠閒打著高爾夫球一邊確認月租入帳的房東形象，可能只是我們美好的幻想。

　　如同本章不斷強調的，投資自住型房屋是人生最棒的投資，成功機率很高。但對於非自住的不動產，因為無法保證「實際居住」的安全保障，完全會取決於投資實力定勝負。

⑤ 「收房租」沒有想像得這麼美好

　　為此，房東需要具備與承租人協商的能力，甚至室內設計等多種能力，從換電燈泡到浴室翻修、鋪地板與貼壁紙、屋頂防漏等等，都需要花心思來處理，房東其實是非常艱苦的職業。當然最近也有公司專門代理所有的事務，但是如果產生額外支出，投資收益率也會降低。因此，不動產投資不是只有買和賣，為了穩定收到月租，還必須要投資特殊形態的勞力。

　　租賃業並非不勞而獲的工作，比起股票投資更接近勞務所得，股票投資是買進了之後，讓好公司的優秀人才們為你工作賺錢。

　　我雖然已經實現財富自由，但同時決定放棄成為富翁。財富自由帶來「不用做不想做的事也可以」的自由，但是若不控

管消費，這種自由很快就會消失。相反地，富翁一次性付款買下勞力士手錶和賓利汽車，也不會打破財富自由。

我領悟到為了成為富翁，必須耐得住像租賃業般的極限工作，忍受在暴跌盤勢中買進股票的風險，所以比起富翁的生活，我只想要享受財富自由，過著幸福且平安的生活就好。

也有為了賺更多錢而必須忍受不適且危險的投資，不動產租賃業就是如此。如果想成為房東，就必須要先知道這件事。

富爸爸的提醒

想要財富自由，不一定只能當房東。

不動產投資的交易課：
讓房地產基金幫忙賺錢

　　用不動產投資創造每月 100 萬韓元現金流並非困難的事，不用太充裕，只要擁有剛好足夠投資的資金即可。例如買進月租賃報酬率約 3％、總值 4 億韓元的公寓大樓，或買入月租賃報酬率 6％、總值 2 億韓元的店面出租即可，說起來很簡單。但是空屋風險、修理費用、為了管理屋況所花的勞力與稅金等等，光想到頭就很痛。

　　當然，也有不用做這種麻煩事的方法。最近有專門代理業者會代替房東找尋承租人，連簽約都能協助完成，也會代管房屋。但是委託代理業者的話，投資成本會增加，報酬率就會降低。在投資中，投資金額的增加就是風險，為了迴避投資風險，

反而招來更大的風險。

💲 讓投資房地產的專門機構來幫忙吧！

在解決這些問題的同時，還能創造出每月 100 萬韓元現金流的不動產投資方法，就是投資「美國月配息 RETIs」。RETIs 是一種專門投資不動產的共同基金，從投資人們身上募集資金後，投資在不動產或與不動產相關資本，所產生的收入就會分配給投資人。

投資在 RETIs，不需直接買進房屋、也能投資不動產。概念是投資在「持有不動產的公司」，不僅有不動產資產的主要優點：穩定性，通膨也會使資產與收益規模日益擴大，也很適合長期投資。

以下表格整理出我開始投資的 5 檔美國月配息 RETIs，2021 年市價價差與收益率。

因為年度收益率是 26.59％，如果投資約 5,400 萬韓元的話，扣除稅金 15.4％，就能獲得每年 1,200 萬韓元、每月 100 萬韓元的獲利。投資不動產時會期待市價價差與月租收入，美國月配息 REITs 雖然也是類似獲利結構，但比起市價價差，是

個股	21 年 1 月 股價	22 年 1 月 股價	22 年 1 月 預估 收益率	22 年 1 月 月配息	22 年 1 月年 配息	22 年 1 月月 配息 收益率	22 年 1 月 合計 收益率
1 Realty Income	59.74$	71.2$	19.18%	0.2465$	2.96$	4.15%	23.34%
2 LTC Properties	39.33$	35.03$	-10.93%	0.1900$	2.28$	6.51%	-4.42%
3 White Stone REIT	8.04$	10.15$	26.24%	0.0358$	0.43$	4.23%	30.48%
4 SL Green Realty	61.99$	74.97$	20.94%	0.3033$	3.64$	4.85%	25.79%
5 STAG Industrial	30.38$	47$	54.71%	0.1208$	1.45$	3.08%	57.79%
平均收益率			22.03%				26.59%

更值得集中在月配息的投資。

　　光用年度收益率在約 4.57％的配息收入計算的話，以 3 億韓元的投資本金，扣除稅金後也能獲得每月 100 萬韓元獲利。REITs 投資實際上並未買進建物，沒有空屋風險也不需要另外管理，因此投資效率也高。

　　提供讀者參考，持有 1,100 檔以上商用不動產的公司「Realty Income」市值，以 2022 年為基準約達到 49 兆韓元，從這個規模可看出，比起個人持有與管理的不動產，它是更安全的投資。

富爸爸的提醒

收益型不動產投資，就交給基金去做。

第 6 章

個人品牌——
我的存在，就能創造收入

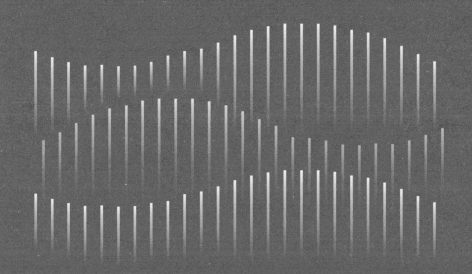

品牌內容力的驚人效益

　　多虧開始投資，我體會到資本具有一邊工作一邊賺錢的「雪球效應」，20 億韓元變成 40 億韓元，40 億韓元變成 70 億韓元，不僅資產增加，每月進帳的現金流也增加。以美元投資創造現金流的同時，也在累積投資實力並體驗到獲利的奇蹟：原本一天 3,000 韓元的獲利擴大為 1 萬韓元，原本 10 萬韓元的獲利擴大為 300 萬韓元。

　　我決心要實現財富自由後，訂下的目標是每月要有被動收入 300 萬韓元。若能不上班，僅靠自己的力量創造出每月 300 萬韓元，就能實現「不用做不喜歡的事、也能生活」的財富自由。

而現在，我光靠寫作就能創造出一天 10 萬韓元、一個月 300 萬韓元的現金。當我親自確認後，也獲得新的體悟：在這世界上雖然有以資本力為本金的投資，但也有不花一毛錢、以勞力為本金的投資。

投入一次勞力，獲利越滾越多！

一般勞力的代價是以月薪型態呈現，工作時間與收入多寡成比例，像醫生或律師高額年薪的人也沒有例外，沒有付出勞力就沒有錢，因為勞力與時間成比例，獲利上就會受限。

但是如果改變勞力型態就不一樣了，尤其是改變成滾動起來就沒有盡頭的「雪球」。如果一天有 100 人閱讀我撰寫的文章，可獲取的勞動價值是 100，那麼當人數到 1,000 人、10 萬人時，價值也成長為十倍、千倍。就像錢代替我工作一樣，我不直接工作也能賺錢，若只花費一次的勞動力（寫一篇文）就能持續能賺到錢，這項投資就會像雪球效果般，獲利無上限。

出版書籍也有一樣的效果，為了出版一本書，在寫作時絕對會需要投入很長的時間與勞力，但是在書出版後，就不用再投入勞力，加上買書的人越來越多、書籍持續再刷，版稅也會

漸漸增加，就像投資一樣，會得到即使不工作、錢仍持續增加的效果。

除了寫作以外，YouTube 也是將影片製作與拍攝的勞力轉為雪球型態，創造出許多年輕富翁。每次上傳影片的勞力只要付出一次，但是隨著訂閱者人數與觀看次數增加，獲利就像雪球般滾動起來、越滾越大。

像這樣將勞力會轉為滾雪球結果的產物，稱為「內容」，不論是文章、影片還是圖畫都行，只要能將勞力轉為內容，就可說是以勞力進行投資。

以錢賺錢就需要錢，我們要先工作賺錢，即使想以「內容」賺錢也需要付出勞力。但是以內容賺的錢和時間不成比例，隨著內容累積越多，能獲得更多獲利，加上不需擔心會像投資一樣有虧損，只要先付出勞力創造出內容，我們連睡著的時候也可以賺錢。

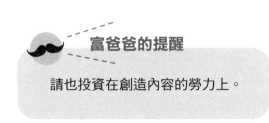

富爸爸的提醒

請也投資在創造內容的勞力上。

首先，定位個人品牌的特色

　　我開始分享自己獨特的投資經驗談，是在某個知名股票投資社群。當時寫文章的目的，第一是想驗證自己的投資方式，到底是偶然成功，還是因為真的使用合理方法，想知道其他人是否也會有同感並跟著模仿；第二是想聽看看其他人的意見，想知道是否有我漏掉或犯錯之處。

　　非常幸運地，這兩個目的在發表文章的一段時間後，都有得到滿足，但是我了解到世界上也有很難正常交流的人。隨著閱讀人數的增加，有時不僅失去良善的討論，甚至浪費更多時間在沒有意義的感情消耗，其中有人曾對我說「日記應該寫在日記本裡」。

不過，這句話成了關鍵的契機，最後帶給我好的領悟與結果。網路社群是一群擁有相似想法的人們，在一個主題上分享自身想法的好空間，但是在不動產投資社群中，股票被視為「助長賭博的危險事物」；而在股票投資社群中，如果支持價值投資的人，表達說為了現金流而必須進行短線投資的話，就可能就會遭到獵巫。總而言之，網路社群也是個難以達到彈性思考的地方。

投資沒有正解，當時是對的，現在也許是錯的，**比起緊抱一個既定觀念，抱持開放的心態對於投資才更有利**。以讀者來說，可以自由地閱讀各家的想法擴展思考方式，但是作為撰寫人，只寫符合社群成員口味的文章，就會出現刻板印象。

💲 只要「開始寫」，就是一種投資

我需要可以盡情吐露自己想法的空間，因此轉移陣地到個人部落格。在這個個人空間，可以盡情表達自己的想法，寫作時不需要太過考量他人的看法，**在這樣自由的環境中創造的文章和想法，就會成為個人特殊的標誌**。這種特有性若延伸成廣告收益、書籍版稅的所得，就如同為自己建立「個人品牌」了。

在社群寫文章，社群可賺到錢，但在部落格寫文章，我自己能賺到錢。許多人覺得經營部落格寫文章是很難的事，這其實比想像的還簡單，即使是對寫文章不熟悉的人，也有其他方法可以著手，從一開始分享其他人的文章或新聞報導，或是上傳照片後簡短表達自己的想法也很好。即使一開始語法錯誤或文章不夠簡潔，還是內容太獨特而無法引起共鳴，都沒關係，部落格就是他人無法說對我說三道四，像是專有的日記本一樣的空間。

在部落格上寫的文章，一開始寫得不好也沒關係，常常寫的話就會開始熟練起來，寫作實力也會隨著經驗而增加。寫作沒有例外或捷徑，只要常寫、多寫，漸漸就會寫得更好，經營部落格幾乎不用花錢，比起實力，執行與開始更重要。

富爸爸的提醒

寫在日記本中會成為回憶，但是寫在部落格中會成為錢。

點閱率來自「獨特的經驗」

　　成功經驗對許多人來說是很珍貴的，但並不是每個人都能分享，只有成功經驗豐富的人才能夠談論。但是，失敗經驗卻是所有人都曾經歷過的，而失敗經驗也跟成功經驗一樣珍貴有價值。

　　孔子曾這麼說：「三人行，必有我師焉，擇其善者而從之，其不善者而改之。」在世界上雖然需要「股票投資要這麼做才會賺錢」的故事，但像「因為這樣去投資股票所以毀了」的故事，也會是大家需要借鏡的。YouTube 頻道「無線電池」分享股票投資失敗的故事時，就獲得許多觀眾的大量迴響，他的目標是想在四十歲實現財富自由後退休，因而開始股票投資的平

凡上班族。8年來極盡節省，存下大部分的月薪，存到 2 億 7,000 萬韓元、以股票投資賺到 1 億韓元、貸款 1 億 3,000 萬韓元，成功創造出 5 億韓元這一大筆的投資本金。他的下個計畫就是將這 5 億韓元全部投到高配息股上，預計要有每月 300 萬韓元的現金流。

但是這個計畫僅過 5 個月就失敗收場，5 億韓元全都蒸發，因為有貸款，反而還多了 1 億 3,000 萬韓元的債務。這段悽慘的失敗經驗帶給許多人教訓與感動，一下就吸引 5 萬多名訂閱者，成為非常受歡迎的內容。

💲 失敗也能賺錢的世界

失敗經驗也不需要如此戲劇化，光是介紹看了很無聊的電影，或分享想再去一次的餐廳，也會幫助到某人。我想詳細地介紹自創的「七分帳戶」投資法，因此決定公開該如何用 1 億韓元進行這種投資，訂下達到年化報酬率 10％的目標。我覺得以內容來看，若達成目標就能成為充滿教育意義的內容，若無法達成，也能達到搞笑綜藝節目般有趣的效果。

其實這些內容的主要目的，是為了確認我自創的投資方法

是否也能以中小型股為對象順利執行，因此完全不考慮到底有沒有讀者對這個主題有興趣，我只是想做自己的事，並記錄下來以此創作內容而已。

只是單純記錄對帳單的交易日常，也能成為賺錢的內容；不過，若想寫出讓更多人有同感的內容，就需要獨創的想法與一些努力。例如，對於剛開始投資的人來說，閱讀同樣為初次投資就橫衝直撞碰壁的人所寫的文章，會更有真實感與趣味性。

「第一次開設股票帳戶。」

「第一次買進三星電子。」

「第一次在股票投資上虧錢。」

「第一次收到配息。」

「第一次賣出美元。」

「第一次去不動產仲介。」

<u>比起在網路上常見的成功經驗故事，碰壁的失敗經驗反而是難以找到的珍貴內容</u>，若能加上更詳細的說明和生動的圖片，就能成為受歡迎的內容。

想以寫部落格文章打造個人品牌、挖出賺錢的水井，但很苦惱該寫哪一種文章嗎？建議各位用「當作是在寫日記吧」的

心態開始，這些平凡的日記，之後可能都會變成滾雪球的獲利

來源。

富爸爸的提醒

在煩惱要寫什麼的時候，就先寫吧！

開始很簡單，持之以恆
才是獲利關鍵

　　我完全沒有想過持續寫作能創造出現金流，剛開始寫文章的理由，是為了將自己透過股票和美元投資了解到的投資原理，傳授給孩子們。現在寫作則成為我另一個「賺錢的水井」。在穩定管理「寫文章賺錢」的水井後，現在已經達到即使不投資也能生活的水準：每天都有讀者點閱文章，出版的書籍也登上熱銷排行版。

　　要出書的時候，作者們應該都會想著將自己的專業領域或人生經驗連結到書本，我也不例外。但是剛開始出版社的門檻很高，下定決心要出書後，將原稿寄到 100 多間出版社，收到回覆的卻連 10 間都不到，其中有一半還是自動回覆，另一半

則是拒絕的回信。

但現在狀況不同了，如今我會收到許多出版社的提案，想要的話隨時都可以出書，甚至還有出版社望穿秋水地等待我寫的文章，光靠「寫作」就找到財富自由。

讓知識力成為被動收入

如果投資是以錢賺錢的話，書籍和文章就是以內容賺錢。為了實現財富自由，這兩件事有兩項共通點：（1）收入的多寡和投入的勞力多少不成比例，（2）收入的多寡和投入的時間長短不成比例。

而這兩件事情也有不同之處，透過投資獲得的收益，會和投入資本與努力的多寡成比例，但將內容變現的收益數字，則只受到努力的多少影響。我關注的主題是「理財」，因此將有關金錢的資訊轉換為書籍、文章、演講的型態。對其他人而言，成為關注點的主題可能是「料理」，也可能是「運動」。比其他人更有熱情、更多經驗、並從中有所領悟的話，就有機會成為好的內容，甚至即使是失敗的經驗也行。寫出《刺激1995》、《戰慄遊戲》、《牠》等等暢銷書籍的作家史蒂芬‧

金，寫作祕訣據說就是多讀和多寫，「聖誕節也寫，生日當天也寫」。

有一段時間，我覺得實現財富自由的方法只有「以錢賺錢」，但是在領悟到「用自己的內容和知識賺錢」的方法後，就用它來創造另一個現金流。每個人喜歡和擅長的事都不同，且擁有自己才有的特殊經驗，即使是失敗的經驗，也能成為幫助其他人不要重蹈覆轍的有用知識。

💲 既然是能賺錢的事，就享受吧！

知道以錢賺錢的方法很重要，如果可以同時用其他東西賺錢的話，不就更有機會提早實現財富自由嗎？對寫文章或拍照沒興趣的人而言，創造內容不一定要是自己喜歡的事；當你發現「煩人討厭」的事情若都能變成收入，這些事情就會變成「天天都想做」的有趣的事。

我不喜歡在許多人面前演講或與未曾謀面的人交際，但如果這些事情可以變成錢的話，我會欣然前往。曾有人用充滿懷疑的眼神問我：「怎麼會想把自己辛苦獲得的體悟，分享給這麼多人呢？你是想要發揮所謂善良的影響力嗎？」其實這個問

題的本意大概是「你該不會是騙子吧？」但是我的回答十分明確，因此連曾經心有懷疑的人也馬上點頭贊同：「因為有利可圖。」

用亞當・史密斯在《國富論》中提到的「利己心」相關的資本主義洞察就可幫助理解：「我們能吃飯不是靠肉舖、酒商、麵包店老闆的慈悲心，而是源自於他們對自身利益的重視；我們不是向他們祈求憐憫，而是喚醒他們的自利之心；不用告訴他們我們的需要，而是告訴他們能獲得什麼利益。」

老實說我對於善良影響力不太感興趣，寫文章或寫書的舉動，正是因為這件事情會賺錢而感到享受，作品被讀者閱讀很有趣所以才寫。總而言之，**分享投資經歷和方法是我喜歡的事，不過老實說這是從「利己心」為出發點，但如果還能對他人有所幫助，就再好不過了。**

做麵包的人能把做麵包的知識能力換成錢，牙科醫生具有牙齒保健、修補的知識力、警察能將成為公務員的心路歷程或警察血汗的經驗換成錢，甚至連分享自己的待業生活，也能成為能賺錢的內容。

投資需要資金，但創造屬於自己的內容只要有努力和熱情就可行。找出自己喜歡的事、對其他人有幫助的事，就能提早

實現財富自由的現金流。以錢賺錢是要用「錢」擴大獲利規模，但是以像產出文章等內容的方式來賺錢，是用「持續不懈」來增加獲利。許多成功部落客和 YouTuber 所說「以內容賺錢的祕訣」，就是「每天一篇文章／每週持續上片」，這種之以恆的做法，更應證了努力不懈是成功的祕訣。

富爸爸的提醒

「開始」後，下個要做的就是「持續」。

曝光度就是收入

「我過去的身分一直都是某人的媽媽、某人的太太。」這是一位在奉獻大半輩子給先生和子女後，感到後悔的主婦。但是回過頭看看自己，我和那位主婦一樣，大部分的人生都是「某企業的員工」，每次更換名片上的公司標誌、更換標誌上的職稱時，都會有錯覺認為那就是「我」。

現在想想，我不過就是公司的一部分，很遺憾的，「我」的存在根本無所謂，也就是說決定東西價值的「稀少性」不足；即使能作為公司的一部分存在，獨立性的自我存在價值也相當低。

有句話說「公司發展好，就是我發展好」，但是即使公司

發展好，也不保證會員工個人的發展。我在過去很理所當然認為，公司要好、我才會一起好，所以專注投入在工作上，最後雖然公司發展好，但我反而經歷了不幸的狀況，多虧這樣的經驗，讓我領悟到「個人價值」的重要性。

💲 找出需求並創造個人品牌的稀有價值

向人們傳達「我的存在」和「我的想法」並不容易，一直以來都習慣把公司或部門的順位擺在自己前面，但是現在開始，必須要集中心力在建立自己的獨特性，這就叫做「個人品牌」。

若無法呈現個人品牌的稀有價值，就無法讓自我的價值獲得高度評價。個人品牌在字典上的解釋是「將個人『品牌化』，於特定領域中讓大眾馬上聯想到的過程」，也說是「在特定領域中提高差異化的個人價值，並獲得認可的過程」。

我對「財富自由」的關鍵字有著強烈興趣，所以筆名也訂為「找到財富自由」，如果大家聽到「財富自由」這四個字會先想到我的話，就代表個人品牌成功了。我開始將符合這個關鍵字的主題和想法寫成文章，也帶來文章集結成書、邀約訪問

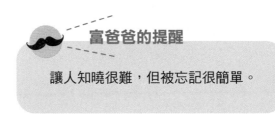

富爸爸的提醒

讓人知曉很難，但被忘記很簡單。

與演講的機會。我做的這些事情都是為了自己而做，因此在產生稀有價值的同時，報酬也增加了，「個人品牌」最終成功地變現。

我們必須創造現金流的主要原因，就是為了要因應退休後的生活，因為年紀越大就越難以肉體的勞動賺錢，但是依靠腦力勞動的事情，是年紀越長、時間越久，生產性反而會增加，雖然創新和創意可能會減少，但長久的經驗與知識，到死都可以維持生產力。

但是這種腦力勞動只能透過個人品牌發揚稀少價值，跟熟人或朋友談到有關錢的話題時，可能會得到「不想聽說教」的回饋，但若同樣話題以文章或採訪傳達，或是付費演講的話，就會成為金科玉律般的知識──這是我親身體會並領悟到的事實。同樣的建言，對於需要的人能成為仙丹靈藥，但對於沒有

興趣的人，就只是沒用的嘮叨罷了。

💲 有曝光、才有機會提高品牌價值

但是如果一開始沒有先自我宣傳，就不可能找到需要這些經驗和建議的人。之前曾有過這樣的經驗，聽說預售屋的銷售手法很著重以宣傳來吸引客戶，於是便建議剛開始從事預售屋房仲的朋友，可以從部落格和 YouTube 開始做行銷，並覺得這是很有效率的銷售方案，但那位朋友不想在大眾前露臉，所以對這種方式感到猶豫，最終也沒有用上。

想經營個人品牌，就不得不展現自己，即使展現自己既困難又辛苦，但是能提升自我的價值。

「如果我是超富有的無名小卒就好了。」這是一位藝人的玩笑話，我也曾希望自己是寂寂無名的有錢人，但我很清楚，想要有錢，就必須要讓更多人知道自己，於是我把這種兩難整理為「奇蹟的 3 階段邏輯」。

（1）若我的名字廣為人知，會帶來很多不便，但是錢會增加許多。

（2）相反地，若我寂寂無名，生活會很輕鬆，但就得放

棄讓錢增加的機會。

（3）但，關鍵是錢變多，生活才會變得輕鬆。

從（1）、（2）來看，選擇忍受不便就能獲得金錢，放棄錢就能獲得輕鬆，但是從（3）來看，就能知道當忍受不便、獲得金錢後，就能再次讓生活變得輕鬆。

個人品牌的投資課：
從零開始累積並持續書寫

　　為了提前實現財富自由，除了投資金錢，還要投資勞動。對我來說，比起現金流的 100％都靠投資所得（獲利）而來，再加上「勞務所得」才會更有效率。這裡說的「勞務所得」與在公司上班或開店賺的錢不同，最重要的是這個勞動「是否能保障時間自由」，並進一步地分辨「是否能享受勞動過程」。

　　對我來說，「寫文章」是可以滿足以上兩種要素的「以財富自由為目的的勞動」，為了獲得財富自由訂出每月現金流目標是 300 萬韓元時，若以勞動投資能創造每月 100 萬韓元的話，剩下的 200 萬韓元透過投資配息股與美元投資獲利創造即可，與感覺遙不可及的財富自由，漸漸又更近一步了！

我高中三年級時，曾在只有 20 題選擇題的數學考試中拿過 0 分，並在同一時期的作文模擬考試中拿到全國第一名。我以自己實際透過部落格撰文，獲得每個月超過 100 萬韓元現金流的經驗，整理出寫文章和經營部落格的方法如下：（1）寫文章祕訣：多讀多寫；（2）部落格經營方法：多讀多寫。

看起來非常簡單，然而這是我所知道最有效的方法。目前為止我所感受到的，沒有比持續不斷寫文章更重要的經驗，且如果想經營好部落格，沒有比集中寫作更有效的方法。

⑤ 度過「沒有讀者」的門檻

2018 年 12 月，我簽下一本出版合約《爸爸的第一次理財學習》，內容是尋找財富自由的旅程，當時出版社建議我，要不要試著建立部落格，作為與讀者們溝通的窗口？站在出版社的立場，可能是覺得這樣對出版後的宣傳行銷有幫助。不論如何，既然收到建議就來試看看，我開始在部落格上隨意地上傳文章。

剛開始沒有人看、也不是會馬上賺錢的事，因此只覺得蠻煩的，但是經過一段時間，部落格就變成了日記本一般，記錄著我的想法和日常瑣事，加上當好奇自己在過去的特定時間做

了什麼時，只要像拿出日記本、在部落格上搜尋關鍵字即可。

「這本書是何時簽約的？」

「金浦公寓大樓何時買的？」

「峴港家族旅遊是何時？」

「去年種了多少辣椒？」

「梅子是何時採收的？」

用關鍵字去搜尋，就能輕鬆喚起很久以前的記憶。不過，我的部落格價值上升的關鍵契機，就是因為記錄投資過程。**我在部落格中完整地把自己做過的投資決策和當時的想法記錄下來，且這些記錄對某些人帶來非常大的幫助**，我的投資記錄不僅幫到讀者，最大的受惠者就是自己，因為人類是容易遺忘的動物，所以常常重複犯下自己都不知道的錯誤。但是記錄投資過程後，重新來過時就能把錯誤降到最低，對提升投資實力非常有幫助。

我如果說出「用部落格每月能賺到 100 萬韓元」的話，大部分人都會覺得「訂閱者應該要很多才有可能吧」，但事實上過程是這樣的：

（1）開始經營部落格。

（2）沒人讀也繼續寫。

（3）讀者慢慢變多。

（4）網路行銷廣告收益增加。

（5）簽下書籍出版合約、且拿到版稅。

（6）用部落格流量創造出每月 100 萬韓元現金流。

在尋找財富自由上，部落格在各種層面來說都值得推薦的良好平台，現在我的部落格每月為我創造 100 萬韓元的現金流，但是並非從一開始就如此。持續寫文章後，每日所得從 1 韓元增加到 2 萬 7,000 元，整整成長 2 萬 7,000 倍。重要的是這不是為了賺錢才開始做的事，而是為了記錄我的投資過程、和讀者溝通才開始的，沒想到最後也成為我的「現金水井」。總而言之，我只做想做的事，卻創造出穩定的現金流。

現在不僅透過經營部落格獲得現金流，同時覺得非常有趣，不只覺得自己能成為人們找尋現金流時的指路者非常有意義，看到讀者在文章下的留言和認同的反饋，也深受感動。

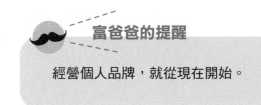

富爸爸的提醒

經營個人品牌，就從現在開始。

在開始投資的路上，
所有努力都不會白費

　　小時候，在學校收集許多葡萄粒貼紙曾是我最大的目標，如果聽寫做的好或回答出老師的問題，就能得到一張閃亮的葡萄貼紙。為了拿到更多葡萄貼紙，我盡最大努力去獲得老師的稱讚，運氣好拿到兩張以上的話，那天真的是開心極了。怕貼紙不見，還會先好好收進鉛筆盒中，回到家裡再一張張貼到葡萄串貼紙板，這些記憶到現在還歷歷在目。

　　但是很可惜，每次在要把葡萄串貼滿前，學期就結束了，新學期開始的話，就必須從新老師那重新開始。剛開始覺得上一學期不夠努力、因此沒能填滿葡萄串，且很盲目地覺得那就是「好的獎勵」，所以在下學期更認真的收集貼紙。但是結果常常很類似，就像再怎麼努力也不見增長的帳戶餘額一樣，葡萄貼紙都沒能填滿。

　　到了高年級後，我對葡萄貼紙的興趣漸漸消失，甚至開始

會把偶爾收到的葡萄貼紙隨意丟在書包角落中，像皺巴巴的紙張一樣。開始會出現「反正再怎麼努力都無法貼滿……」這樣的念頭，不需要再去填滿葡萄串，所以也不再努力獲得老師的稱讚，就那樣中斷了努力。

在韓國買房的話，會有「登記權利證書」，看到登記權利證上的「保安貼紙」的瞬間，想起了跟小時候收集的葡萄貼紙長得很像，都是用血汗勞動存下的錢成為「資產」的果實。

收集葡萄貼紙的理由並非只是為了填滿葡萄串，即便無法填滿葡萄串，中間努力的過程所得到的東西，也會完全屬於自己，投資也是如此。沒有必要因為明明已經讀了很多投資理財的書籍，資產卻沒有馬上戲劇性增加而感到失望，如果因為失望，就像中斷收集葡萄貼紙那樣停止投資的話，會如何呢？你到現在為止累積的努力就會化為烏有，好的投資機會不會提前預告自己找上門來，會突然在誰都不知道時出現、又悄悄消失，只有靠持續學習和研究才是能抓住機會唯一的方法。

現在終生職場的概念正在消失，股票投資有漲有跌，雖然很難把錢投資在「永遠都不會枯竭的水井」（總是獲利的項目），但是若非一口井、而是同時擁有多口水井的話，一輩子就不用再為錢煩惱，可以只做自己喜歡的事情生活。

投資過程中，「運氣」是非常重要的要素，但是運氣重複使用後會成為實力，但錯誤若重複發生的話，會變成習慣！即使成功的規模再小，也要不斷複製、重複經歷。這樣練習後，才能將獲利變成複利的源泉，再累積成取得更大成功的實力。

「千里之行始於足下」即使是老生常談，若能付諸行動的話，那條路的終點就會有富饒的成果等待著你，一旦成功賺到錢的人更會賺錢，現在正是挑戰最好的時機，請不要畏懼。

成功投資的第一步，就是從「先開始」出發。

上班族的脫貧翻身計畫

韓國富爸爸從慘賠千萬，到打造上億身家的素人投資告白

作　　者：朴成賢
譯　　者：李于珊
責任編輯：賴秉薇
編輯協力：楊心怡
封面設計：葉馥儀
內文設計、排版：王氏研創藝術有限公司

總 編 輯：林麗文
副 總 編：梁淑玲、黃佳燕
主　　編：高佩琳、賴秉薇、蕭歆儀
行銷總監：祝子慧
行銷企畫：林彥伶、朱妍靜

出　　版：幸福文化出版／
　　　　　遠足文化事業股份有限公司
地　　址：231 新北市新店區民權路
　　　　　108-3 號 8 樓
網　　址：https://www.facebook.com/
　　　　　happinessbookrep/
電　　話：(02) 2218-1417
傳　　真：(02) 2218-8057

發　　行：遠足文化事業股份有限公司
　　　　　（讀書共和國出版集團）
地　　址：231 新北市新店區民權路
　　　　　108-2 號 9 樓
電　　話：(02) 2218-1417
傳　　真：(02) 2218-8057
電　　郵：service@bookrep.com.tw
郵撥帳號：19504465
客服電話：0800-221-029
網　　址：www.bookrep.com.tw

法律顧問：華洋法律事務所　蘇文生律師
印　　刷：中原造像股份有限公司
電　　話：(02) 2974-5797
初版一刷：2023 年 7 月
定　　價：380 元

上班族的脫貧翻身計畫：韓國富爸爸從慘賠千萬，到打造上億身家的素人投資告白 / 朴成賢著；李于珊翻譯 . -- 初版 .
-- 新北市：幸福文化出版：遠足文化事業股份有限公司發行 , 2023.07
　面；　公分
ISBN 978-　　（平裝）
1.CST: 理財　　2.CST: 股票投資
563　　　　112004437